アメリカ国際通貨国特権の研究

徳永潤二 著

Junji Tokunaga

学文社

はしがき

　現在，国際通貨国アメリカの国際収支節度（ディシプリン）は大きく喪失している。2006年，経常収支赤字は史上最高額の8,115億ドルで，対GDP比で6.2％となっている。この経常収支赤字の増加を反映して，対外純債務額も急増しており，2006年には2兆5,396億ドルとなり，対GDP比で19.2％に達している。現在のアメリカの国際収支節度の喪失はこのようなネットの経常収支赤字にとどまらない。それはネットを超えるグロスの対外債務の急増である。2006年末，アメリカのグロスの対外債務16兆2,946億ドルのうち，経常収支赤字の対応分が2兆5,396億ドルであるのに対して，対外債権の対応分は13兆7,550億ドルとなっている。

　通説的見解によれば，このネットを超えるグロスの対外債務の急増に見られるアメリカの国際収支節度の喪失は，アメリカの国際金融仲介機能の結果として捉えられる。アメリカは経常収支赤字を超える外国資本を集め，それを経常収支赤字ファイナンスに充てる一方，その赤字以上の余剰分を対外投資することによって，国際資本移動において国際金融仲介機能を果たしている。しかし，通説的見解はアメリカの国際通貨国特権を見落としている。国際通貨国は自国通貨による国際収支赤字ファイナンス（負債決済）が可能である。これにより，国際収支赤字を拡大させる場合，国際通貨国は自国通貨建て債務を増加させるだけであり，非国際通貨国のような外貨の制約が事実上ない。この国際通貨国特権はかつての国際通貨国であったイギリスにも当てはまるものであったが，現在の国際通貨国アメリカには新たな性格が付け加わっている。それは1971年の金ドル交換停止以降，国際通貨ドルが事実上の国際的最終決済手段となり，アメリカは金や外貨による資産決済を免れていることである。つまり，アメリカの場合，自国通貨による国際収支赤字ファイナンスという特権だけでなく，ドルが国際的最終決済手段という特権が加わっているのである。このような国際通貨国特権の下，アメリカは国際収支赤字を拡大し，国際収支節度を大幅に

喪失している。本書の問題意識は，国際収支節度の大幅な喪失を可能とするアメリカの国際通貨国特権にある。

本書は次のような研究課題を設定する。

第一は，国際通貨国特権の視点に基づく国際資本移動におけるアメリカの役割についての分析である。通説的見解である国際金融仲介機能論によれば，国際資本移動におけるアメリカの役割は「経常収支赤字以上の外資の余剰分を再投資する」という受動的なものとして捉えられる。しかし，国際資本移動における国際通貨国アメリカの役割を受動的なものに解消することができるのであろうか。

第二は，アメリカの国際通貨国特権の将来についての分析である。ヨーロッパで1980年代後半以降，東アジアでは90年代末以降，脱ドルの動きが進展している。これらの脱ドルの進展はアメリカの国際通貨国特権にどのような影響を与えるのであろうか。

本書の構成は以下の通りである。

第1章は，国内における国際通貨論論争のサーベイを通して，本書を貫く問題意識と研究課題を明示する。1980年代末から90年代にかけて，現在の国際通貨システムがドル一極体制からドル・マルク・円の三極通貨システムへの移行期にあるという三極通貨体制論が主張された。しかし，現代の国際通貨システムの中心的問題は三極通貨体制論といったドル衰退ではなく，国際通貨国特権の下，アメリカが国際収支赤字を拡大し続け，国際収支節度を大幅に喪失していることにある。

第2章は，通説的見解である国際金融仲介機能論の批判的分析を通して，国際資本移動における国際通貨国の役割について明らかにする。国際通貨国アメリカの役割は国際金融仲介機能論が主張するように「経常収支赤字以上の外資の余剰分を再投資する」という受動的なものではなく，国際資本移動の起点という意味で能動的なものである。

第3章と第4章では，第2章の理論的分析をもとに，1990年代後半と2000

年代前半の国際資本移動におけるアメリカの能動性について実証的に明らかにする。第3章は90年代後半を分析対象としている。90年代後半，アメリカを起点とする資金が国際資本移動において重要な役割を果たしており，ここにアメリカの能動性があらわれていた。第4章は2000年代前半を分析対象としている。2000年代前半，国際資本移動におけるアメリカの能動性がさらに高まる一方，その役割は「世界の金融コングロマリット」に変容している。そして，第3と第4章のそれぞれの補論では，アメリカの国際通貨国特権の視点から90年代後半～2000年代前半にかけてのアメリカの景気拡大の対外的条件について明らかにする。90年代後半の景気拡大期は第3章補論で，2000年代前半の景気拡大期については第4章補論で取り扱う。

　第5章と第6章は，ヨーロッパと東アジアにおける脱ドルの進展の分析を通して，アメリカの国際通貨国特権の将来について明らかにする。第5章は1980年代後半以降のヨーロッパにおける脱ドルについての分析である。ユーロ域は国際通貨システムの一極を占める一方，地域的国際通貨ユーロの地位向上を背景として，自国通貨による国際収支赤字ファイナンスという特権を獲得しつつある。第6章は1990年代末以降の東アジアにおける脱ドルについての分析である。80年代後半，とりわけ90年代末以降，東アジアは域内貿易を拡大させているが，これは脱ドルに結びついていない。しかし，90年代末以降の域内通貨金融協力の進展は脱ドルを将来的に促す可能性がある。

　本書での研究課題の理論的・実証的分析によって，1990年代後半以降の国際資本移動におけるアメリカの役割を正確に把握するとともに，国際収支節度を大幅に喪失している国際通貨国アメリカの将来について明らかにすることができるであろう。

2008年6月

徳永潤二

目　　次

はしがき　1

第1章　アメリカの国際通貨国特権―本書の問題意識と研究課題―………13
　1．はじめに　13
　2．旧IMF体制下の金ドル交換をめぐって　13
　3．不換通貨ドルの流通根拠論争　15
　4．為替媒介通貨論　20
　5．「上から」の国際通貨化と「下から」の国際通貨化　23
　6．準備・介入通貨論　24
　7．アメリカの国際収支節度の喪失をめぐって　27
　8．むすび　29

第2章　国際資本移動における国際通貨国アメリカ………………………37
　1．はじめに　37
　2．国際金融仲介機能論　37
　3．国際資本移動における国際通貨国　41
　4．国際通貨ドル　43
　5．むすび　49

第3章　1990年代後半の国際資本移動におけるアメリカの能動性………53
　1．はじめに　53
　2．カリブ海金融センターに対する資金供給の拡大―1995～97年―　53
　3．西欧向けの資金供給の拡大―1999～2000年―　57
　4．むすび　61

補論　アメリカの国際通貨国特権と 1990 年代後半の
　　　　　米景気拡大 ……………………………………………………………… 65
　　　1．1990 年代後半の景気拡大　65
　　　2．経常収支赤字と外国資本流入をめぐって　65
　　　3．1990 年代後半の景気拡大の対外的条件　69

第 4 章　2000 年代前半の国際資本移動におけるアメリカの能動性 ……… 75
　　　1．はじめに　75
　　　2．カリブ海金融センターに対する資金供給の拡大　75
　　　3．M&A 関連のシンジケートローンに伴う資金供給の拡大　78
　　　4．「世界の金融コングロマリット」としてのアメリカ　80
　　　5．むすび　82

　　補論　アメリカの国際通貨国特権と 2000 年代前半の
　　　　　米景気拡大 ……………………………………………………………… 87
　　　1．2000 年代前半の景気拡大　87
　　　2．2000 年代前半の景気拡大の対外的条件　87

第 5 章　ヨーロッパにおける脱ドルの進展 ………………………………… 95
　　　1．はじめに　95
　　　2．EMS の成功―「上から」の脱ドル―　96
　　　　（1）EMS の創設目的　96
　　　　（2）マルクの基準・介入・準備通貨化　101
　　　3．域内資本移動の活発化―「下から」の脱ドル―　104
　　　　（1）コンヴァージェンス取引の活発化　104
　　　　（2）マルクの為替媒介通貨化　105

4．欧州通貨危機からユーロ導入　108
　　　（1）欧州通貨危機　108
　　　（2）1995年のEMS混乱　113
　　　（3）ユーロ導入　116
　　5．地域的国際通貨ユーロ　117
　　6．むすび　125

第6章　東アジアにおける脱ドルの進展……………………133
　　1．はじめに　133
　　2．東アジアにおける域内貿易の拡大　133
　　3．東アジアにおける国際通貨　135
　　　（1）非銀行民間レベル　135
　　　（2）銀行間外国為替市場レベル　144
　　　（3）公的レベル　148
　　4．東アジア域内通貨金融協力の進展　149
　　　（1）「上から」の脱ドルの動き　149
　　　（2）「下から」の脱ドルの動き　152
　　5．むすび　155

あとがき　161

引用文献一覧……………………………………………165
付　表……………………………………………………180
事項索引…………………………………………………185
人名索引…………………………………………………191

図表一覧

第1章
図表1-1　国際決済と国際通貨機能　22

第2章
図表2-1　アメリカの国際収支（1995〜2007年）　38
図表2-2　国際収支表の取引例　43
図表2-3　アンカー通貨の動向（1990〜2007年）　44
図表2-4　世界の公的外貨準備の通貨別構成　45
図表2-5　世界の外国為替市場における通貨別取引高　47
図表2-6　世界の主要国の財貿易におけるドル建てシェア　48

第3章
図表3-1　アメリカの地域別対外短期債権（1995〜2000年）　54
図表3-2　ヘッジファンドによるレバレッジ　56
図表3-3　1997年6月末〜1998年末のBIS報告銀行のネットの貸付金額と貸付先　57
図表3-4　対米証券投資の動向（1997年第3四半期〜1998年第4四半期）　58
図表3-5　2000年第1四半期における主要なインターバンク資金フロー　59
図表3-6　アメリカとユーロ域との間のM&Aに伴う資金フロー　60

補論
図表3補-1　アメリカの実質GDP成長の変化率（1995〜2000年）　67
図表3補-2　アメリカへの外国資本流入の動向　70

第4章
図表4-1　アメリカの地域別対外短期債権（2001〜2006年）　76
図表4-2　クレジット市場におけるヘッジファンドの参加　77
図表4-3　ヘッジファンドによるクレジットデリバティブ（シンセティックCDO）投資　78
図表4-4　アメリカの大手商業銀行（上位10行）のバランスシート構成の動向　80
図表4-5　アメリカの三大マネーセンターバンクのトレーディング資産　82

補論
図表4補-1　アメリカの実質GDP成長の変化率（2001〜2006年）　88

図表4補-2　アメリカへの外国資本流入の動向(2001〜2006年)　89
図表4補-3　モーゲージ・エクイティ・ウィズドローアルの推移とその使途　90
図表4補-4　アメリカの民間ABSにおける非居住者の保有残高の動向　91

第5章

図表5-1　EMSにおける介入と決済　99
図表5-2　EMSにおける外国為替市場介入　102
図表5-3　世界の公的外貨準備の通貨別構成(1980年代〜1990年代前半)　103
図表5-4　先進主要国の貿易における自国通貨建て比率　105
図表5-5　ヨーロッパ諸国の外国為替市場の取引通貨構成(92・95・98年)　107
図表5-6　EMS主要国通貨の対マルク相場(月平均)　109
図表5-7　為替相場の推移　110
図表5-8　EMS主要加盟国の経済指標　115
図表5-9　ユーロ圏における公的外貨準備の通貨別構成　118
図表5-10　ヨーロッパ諸国の外国為替市場の取引通貨構成(2007年4月)　119
図表5-11　デンマークとチェコの銀行間外国為替市場(直物取引)の通貨別構成(2007年4月)　119
図表5-12　ユーロ域諸国のユーロ未参加EU諸国との貿易における契約・決済の通貨別構成(2006年第1四半期)　120
図表5-13　非ユーロ域諸国の貿易に占めるユーロ建てシェア　121
図表5-14　対外債券投資の資産残高の地域別通貨構成(2005年末)　122
図表5-15　国際債発行残高の地域別通貨構成(2006年第4四半期)　123

第6章

図表6-1　東アジア,EU25ヵ国,NAFTA諸国の域内貿易比率　134
図表6-2　東アジア諸国の貿易における建値通貨の構成　136
図表6-3　日本の貿易における地域別建値通貨構成(2007年下半期)　137
図表6-4　タイの貿易における地域別建値通貨構成(2006年)　138
図表6-5　東アジア8ヵ国によるクロスボーダー・ポートフォリオ投資の地域別内訳　141
図表6-6　東アジア10ヵ国に対するクロスボーダー・ポートフォリオ投資の地域別内訳　142
図表6-7　東アジア主要国の外国為替市場における取引通貨構成　143
図表6-8　日本の銀行間外国為替市場における取引通貨構成(2007年4月)　144
図表6-9　シンガポール外国為替市場における取引通貨構成(2007年4月)　146
図表6-10　香港外国為替市場の取引通貨構成　147

図表6-11　ドル圏における公的外貨準備の通貨別構成　149
図表6-12　チェンマイ・イニシアティブ (CMI) の枠組みにおける
　　　　　二国間通貨スワップ取極の現状　151

第1章　アメリカの国際通貨国特権
―― 本書の問題意識と研究課題 ――

1．はじめに

　1980年代後半，アメリカが世界最大の債務国に転落する一方，日本は世界最大の債権国となり，そしてヨーロッパにおける経済通貨統合が大きく進展した。これを反映して，ドルの相対的な地位が低下する一方，マルクと円の相対的な地位は向上した。この現象を受けて，80年代末から90年代にかけて，国際通貨システムはドル一極体制からドル・マルク・円の三極通貨システムへの移行期にあるという三極通貨体制論が主張された。この三極通貨体制論の依拠する国際通貨論が為替媒介通貨論である。

　確かに，現在の国際通貨システムが中長期的に見て移行期にあることは間違いない。しかし，1980年代後半のドルの相対的な地位低下，そしてマルクと円の相対的な地位向上という現象を三極通貨体制論というドル衰退論に結びつけることはできない。なぜなら，国際通貨国アメリカは依然として国際収支赤字を拡大し続け，国際収支節度を大幅に喪失しているからである。

　本章では，三極通貨体制論を主張する為替媒介通貨論についての批判的分析を通して，本書を貫く問題意識と研究課題について明示する。その際，為替媒介通貨論が端を発している第二次世界大戦後の国内における金ドル交換をめぐる論争まで遡ってみよう。[1]

2．旧IMF体制下の金ドル交換をめぐって

　第二次世界大戦後，各国内では不換制（管理通貨制度）が常態化していたが，アメリカだけは為替相場の基準を金に対して定め，対外的金量を金1オンス＝

35ドルとして,外国通貨当局に対してのみ金ドル交換に応じていた。国際通貨論は各国で不換制が常態化している中,旧IMF体制下の金1オンス＝35ドルを価格の度量標準としてみることの是非を問題にした。[2]

岡橋［1951］は,金1オンス＝35ドルがアメリカ国内において確定された価格の度量標準であり,ドルに固定相場制で結び付いている各国通貨の代表金量も確定していることから,旧IMF体制を国際金為替本位制とみなした。[3] しかし,旧IMF体制下ではアメリカ国内で金兌換が停止される一方,金ドル交換は通貨当局間に限定されていた。このことから,真藤［1962］と三宅［1962］は,金1オンス＝35ドルは価格の度量標準ではなく,ドルと各国通貨はともに減価していることから,旧IMF体制を不換制下における国際通貨制度と捉えた。真藤と三宅の見解は,兌換制の基本的条件である銀行券――金で支払うことを約束した約束証書――が誰でも,いつでも自由に,決まった金量と交換されるものであるという観点から,金1オンス＝35ドルを価格の度量標準とする見解を批判したものであった。この兌換制（金本位制）の基本的条件の喪失は各国通貨の代表金量を不確定化させ,兌換制下の各国通貨相互間の関係,すなわち国際通貨関係に変化をもたらすことになる。

金兌換と金の自由輸出入が保証されている兌換制下では,各国通貨の代表金量は確定したものとなる。このことは,兌換制下の国際通貨関係を次のように特徴付ける。第一は,金兌換と金の自由輸出入の保証により,為替管理が存在せず,自国通貨と外貨は自由に交換されることである。第二は,為替相場が各国通貨の金量から算出された金平価に金現送費を加減した金現送点以内に安定することである。このように,兌換制下における国際通貨関係は一義的に決定される。これに対して,不換制下の国際通貨関係は,各国通貨の代表金量が不確定になることから,兌換制下のように一義的に決定されない。自国通貨と外貨の交換に関しては,為替管理が可能となり,それは各国の為替政策に依存することになる。そして為替相場については,各国通貨相互間の固定的な金平価が存在しなくなることから,何らかの国際通貨協定が存在しない限り,変動相

場制が常態化する。したがって，不換制下では，各国の為替政策のあり方によって，固定相場制から変動相場制まで様々な国際通貨関係が成立することになる。[4]

このような不換制下の国際通貨関係についての理解の下，三宅［1962］は旧IMF体制下における金ドル交換を次のように位置付けた。第一は，金ドル交換は不換制下における金現送なのである。例えば当該国通貨の為替相場が固定相場制における対ドル相場の下限を超え，当該国の通貨当局は外貨を供給しなければならない場合，外貨準備が枯渇すれば，保有金の売却によって必要な外貨を入手しなければならない。ここで，固定相場制度における対ドル相場の下限は，アメリカ以外の各国にとって「兌換停止下における金現送点」となっている。これに対する金ドル交換を通したアメリカの金売却は，アメリカ以外の各国の通貨当局が行う金現送が姿を変えたものである。[5] 第二は，金ドル交換は不換通貨ドルが国際通貨として機能しうる条件である。金1オンス＝35ドルというように対外的金量を確定することによって，ドルは各国通貨当局において最も適した準備通貨として用いられてきたのである。[6]

1971年8月の金ドル交換停止によって，その後の研究の分析視角は，三宅による金1オンス＝35ドルの位置付けの中でも，第二の不換通貨ドルが国際通貨として機能しうる条件についての考察に特化していくことになる。そこでは，金ドル交換を不換通貨ドルが国際通貨として機能しうる条件とする見解に対して批判が行われることになった。[7]

3．不換通貨ドルの流通根拠論争

従来，旧IMF体制下における金ドル交換は不換通貨ドルが国際通貨として機能するうえで必要な世界貨幣金との結び付きであるとの理解が一般的であった。しかし，1971年の金ドル交換停止によって，金との結び付きを失った不換通貨ドルが依然として国際通貨として機能しているのはなぜかということをめぐって論争が行われるようになった。これが不換通貨ドルの流通根拠論争で

ある。

　小野［1978］は、「国際通貨として機能する外国為替は、金為替でなければならない。金為替である外国為替のみが、金に代わって機能しうる国際通貨」[8]であるという理解のもと、金ドル交換停止以降、不換通貨ドルが国際通貨として機能しているのは「本来機能しえないはずのものを機能さすことを意味する。したがって、そこには無理があり、矛盾がある。その矛盾の現われこそ、ほかならぬニクソン声明以降の国際通貨体制の動揺である」[9]とした。金ドル交換停止によって、ドルが国際通貨として機能し得なくなるならば、世界貨幣金が登場するしかない。しかし、それは国際取引に大きな障害を生じさせるため、「金為替であることをやめたドル為替を、従来どおり国際通貨として機能さすことが企図された」[10]のであり、ここに不換通貨ドルの流通根拠を求めた。

　今宮［1976］は、不換通貨ドルの流通根拠として、国際的強制通用力の概念を提示した。強制通用力は、商品所有者の一般的意志の保証とこの保証をもとにした国家主権の法律的規制という二面で捉えることができるが、世界政府が存在しない限り、後者は存在しない。今宮は前者こそが不換通貨ドルを国際通貨として機能させる保証であるとして、国内における強制通用力を国際的に適用したのである[11]。

　三宅［1973］は、今宮の国際的強制通用力を否定し、不換通貨ドルが国際通貨として機能するのは、「諸国当局が、ドルが国際通貨として通用することに暗黙の承認を与えているからにほかならない」[12]とした。小野、今宮、三宅の見解の特徴は、国際通貨と世界貨幣金との結び付きが切断されてしまうことによるドル体制の不安定性の増大を指摘していることである。これは「ドル体制危機説」というべきものであった。しかし、不換通貨ドルの流通根拠をあくまでも金ドル交換に求めたことから、国際通貨と金を「無媒介的」に結び付けるものであり、国際通貨を世界貨幣金の代理物として捉えるものであった。このような見解は、金の役割を過大評価するものであるという批判を受けることになった。

第1章 アメリカの国際通貨国特権

　岩野［1977］は，1960年代における海外の国際通貨制度改革をめぐる論争の紹介を通して，「事実上のドル本位制」の積極的根拠を問題にした[13]。Triffin［1960］をはじめとする「多数意見」は，流動性ジレンマ論の立場から新準備資産創出の必要性を主張した。流動性ジレンマ論は次のことを内容とする。① ドルを基軸通貨とする体制のもとでは国際流動性の供給はアメリカの国際収支赤字にたよるほかない。② しかし，アメリカの国際収支赤字が継続すればドルは次第に信認を失う。③ ドルの信認を高めるためにドル供給を抑制しなければならないが，そうすると国際流動性が不足する。④ そのため，基軸通貨ドルに代わる新準備資産の創出が必要となる[14]。

　これに対して，Kindleberger, Despres, and Salant［1966］をはじめとする「少数意見」は，アメリカの国際収支赤字は各国のドル需要の反映であり，国際収支不均衡の指標ではないと主張した。つまり，アメリカの資本輸出（＝ヨーロッパの長期借り入れ）がヨーロッパの短期ドル預金（＝アメリカの短期借り）として還流しており，ここでアメリカは国際金融仲介機能を果たす「世界の銀行」として機能している。岩野は，この「少数意見」の見解の下，戦後の世界経済はアメリカが「世界の銀行」として機能する「閉じたシステム」と捉えた。そして，この「閉じたシステム」の基礎は，金ドル交換という制度的条件ではなく，1960年代以降大きく発展することになった米系多国籍企業（産業的基盤）とユーロ・ダラー市場（金融的基盤）といった市場原理の条件にあり，この結果「事実上のドル本位制」が支えられたとしたのである[15]。

　滝沢［1985］は，流動性ジレンマ論の批判を通して，不換通貨ドルの流通根拠をあくまでも金ドル交換に求めた「ドル体制危機説」を批判した。上記の流動性ジレンマ論の内容の中でも，②に関して，「アメリカの国際収支の赤字から生ずるドル残高は，それがアメリカの輸入超過の結果生じたものであろうとも，アメリカの短期資金供与の結果生じたものであろうとも，みな一様にドルの信認低下を惹き起こすと考える点」[16]で問題がある。ドル残高増加の要因として，① 基礎収支赤字，② 対外短期貸付の増加，③ 金準備の増加があげられる

が，ドルの信認低下に結び付くのは，① 基礎収支赤字だけである。なぜなら，基礎収支が均衡している限り，② 対外短期貸付の増加には対外短期債権の増加が伴うためである。このような理解の下，滝沢は，ドル体制の安定のためにはアメリカは対外短期債権の裏付けのないドル残高を創出しないことこそが必要であり，不換通貨ドルの流通根拠を金ドル交換に求めた「ドル体制危機説」を批判したのである。さらに，滝沢［1990］は，不換通貨ドルの流通根拠として，① 当該国が発達した金融市場を有すること。② 当該国の金融市場の利用を非居住者に開放していること。③ 当該国の経済力が強大といった，市場原理に基づく条件をあげている。[17] 岩野と滝沢の市場原理に基づく条件についての考察によって，国際通貨と金とは本質的な関係を持たないという見解が登場することになった。

　木下［1979］は，「国際間においても世界貨幣＝金の節約のため国際的貸借相殺の手段として『外国為替』を発展させて来たのであって，その基礎の上に『国際通貨』範疇が成立している」[18]と主張した。つまり，国際通貨は貨幣論範疇である世界貨幣金とは区別される独自的範疇なのである。[19] さらに，木下は第三国間取引に用いられる特定国通貨が国際通貨であり，その条件として，① 世界的規模での物的再生産過程において当該国が中心的位置にあること。② 有力な国際金融市場の存在。③ この二条件を結び付ける媒介環としての引受け信用の存在をあげた。[20]

　深町［1982］は，国際決済の進行局面で登場する各経済主体である非銀行民間（個別資本）レベル，銀行間外国為替市場（為替銀行）レベル，公的（通貨当局）レベルに対応した重層的な国際通貨概念を構築した。国際決済は外国為替取引を通じて行われるが，それは次のようになる。非銀行民間レベル，例えば輸出入業者は国際決済に伴い為替資金の過不足や為替リスクに直面するが，為替銀行との外国為替取引によってこれらを解消する。この対顧客取引によって為替銀行に転嫁された為替資金の過不足と為替リスクは，銀行間外国為替市場での為替銀行の為替資金・持高操作によって解消される。このような為替銀行

による為替操作は為替相場の変動をもたらすが、その変動が大きい場合、通貨当局が外国為替市場介入を行うことによって、為替相場の安定が図られる。国際決済から見れば、これらの過程は非銀行民間レベルの債権債務関係が為替銀行に転嫁されると同時に、一定期間における一国の国際的な受払いが銀行間外国為替市場において相殺・集約されていくことでもある。次に、銀行間外国為替市場において相殺されない国際的な債権債務関係に伴う外貨の過不足が問題となるが、それには通貨当局の外国為替市場介入による国際的最終決済を必要とする。

深町は、非銀行民間レベルの債権債務関係→銀行間外国為替市場レベルの債権債務関係→公的レベルの債権債務関係という一国の対外債権債務関係の相殺・集約の過程を「上向転化」として定義した。次に、この国際決済の各レベルに応じて、国際通貨機能を、まず公的国際通貨と私的国際通貨に区分し、さらに前者を準備通貨と介入通貨、そして後者を為替銀行レベルの銀行間取引通貨と非銀行民間レベルの契約通貨に区分した。その中でも、「上向転化」されていく国際的な債権債務関係が銀行間決済に集中されることから、銀行間外国為替市場レベルの銀行間取引通貨を国際通貨の中心的機能としたのである。[21]

木下と深町の問題意識は、金ドル交換という国際通貨ドルの制度的条件が喪失してしまったにもかかわらず、ドルが国際通貨としての地位を維持しただけでなく強化さえした事態の解明にあった。そこでは、木下があげた特定国通貨の国際通貨化の条件をめぐる分析が中心となった。しかし、これらの研究は特定国通貨の国際通貨化の条件を問題にしたため、不換通貨ドルの流通根拠を金ドル交換に求めた「ドル体制危機説」と同様に、流通根拠という問題設定はそのまま受け継いでいる。[22] そして、その考察の方向は「ドル体制危機説」と正反対であった。それは、現実に国際通貨としてドルが機能し続けているのだから、国際通貨と金とは本質的な関係を持たない「新しい」国際通貨論の構築という方向だったのである。[23]「新しい」国際通貨論は、その後の研究に対して次のような考察の視角を与えた。それは、深町が提示した銀行間取引通貨に見られる

銀行間外国為替市場レベルを軸とした国際通貨概念の考察である。

4．為替媒介通貨論

　深町［1982］で提示された銀行間取引通貨を発展させ，銀行間外国為替市場レベルの国際通貨機能に特化した国際通貨論を構築したのが為替媒介通貨論である[24]。為替銀行は対顧客取引を通じて為替資金の過不足と為替リスクを負うことになるが，銀行間外国為替市場での為替資金・持高操作によってこれらを解消する。ここで，為替銀行は為替資金・持高操作において出会いが最も容易で，調整が最も容易な特定国通貨を選択する。これが為替媒介通貨である[25]。

　山本［1994］は，兌換制から不換制への移行によって，銀行間外国為替市場レベルの為替媒介通貨機能が自立化・発展するとした。為替銀行が自由な金裁定取引を行っていた兌換制では，銀行間外国為替市場は金市場と裁定取引を通じて結び付いていたため，為替資金・持高操作といった為替操作は最終的には世界貨幣金で行われていた。つまり，銀行間外国為替市場レベルでの国際決済は為替相場が金現送点を超えると金裁定取引に取って代わられたのであり，兌換制下では為替媒介通貨機能は自立化していなかった[26]。これに対して，不換制下では変動相場制が常態化することによって，為替リスク回避のための銀行間外国為替市場における為替操作が兌換制以上に重要となり，為替媒介通貨機能は自立化することになる。

　そして不換制下でも旧IMF体制下の固定相場制と金ドル交換停止後の変動相場制では異なる点がある。旧IMF体制下の固定相場制において，国内の銀行間外国為替市場で為替持高のカヴァーを取れず，為替相場が対ドル基準相場の上下1％を超え，為替リスクが発生した場合，為替銀行は金裁定取引ではなく通貨当局による外国為替市場介入を通じて国内でカヴァーをとることができた。これに対して，外国為替市場介入が原則として実施されない金ドル交換停止後の変動相場制では，国内において為替持高のカヴァーを取れる保証がなくなり，為替リスクは格段に高まった。

さらに金融自由化・為替自由化により巨額の資本移動が発生することによって、為替銀行の取引は為替リスク回避の「裁定指向型」から自己勘定での「投機志向型」が中心となった[27]。この結果、銀行間外国為替取引が急増し、為替媒介通貨機能は発展することになった。このように、山本は、兌換制から不換制への移行、より具体的に言えば、金本位制→旧IMF体制下の固定相場制→変動相場制という貨幣制度の変遷による為替リスクの増大によって、銀行間外国為替市場レベルの為替媒介通貨機能が自立化・発展するとしたのである[28]。

他方、兌換制から不換制への移行によって、銀行間外国為替市場レベルだけでなく、公的レベルの国際通貨機能においても変化が生じてくる。兌換制下では、為替相場は各国通貨の金量から算出された金平価に金現送費を加減した金現送点以内に安定した。金現送は為替銀行自身によって行われたが、それは各国通貨間の為替相場を安定させるものであると同時に、国際的最終決済としての機能も果たしていた。例えば、当該国の国際収支が赤字に転落し、その国の為替相場が金輸出点に達するならば、資本輸入などによって金兌換を猶予することが一定期間可能であったとしても、最終的には金兌換と金現送が生じた。この結果、国際収支赤字国が保有する金準備が減少する一方で、国際収支黒字国保有の金準備は増加する。

これに対して、変動相場制が常態化する不換制下では、各国は特定国の国民通貨を基準相場の表示に採用し、その基準相場を固定するための外国為替市場介入を行い、さらにこの市場介入のために外貨準備を保有する。兌換制と同様に、非銀行民間レベルの債権債務関係は為替銀行レベルに「上向転化」されるが、銀行間外国為替市場レベルにおいて相殺されない国際的な債権債務関係は、金現送ではなく、通貨当局による外国為替市場介入を通じて公的レベルに「上向転化」されることになる。旧IMF体制下の固定相場制では、アメリカは外国通貨当局に対して金ドル交換に応じた。これに対して、アメリカ以外の各国はドルで基準相場を表示し、対ドル固定相場制を維持するために外国為替市場においてドル介入を行う一方、ドル準備を保有した。

そして，金ドル交換停止後の変動相場制では，金ドル交換停止によってアメリカが金や外貨による資産決済を免れる一方，アメリカ以外の各国は対ドル相場の安定のために，依然として大規模なドル介入を継続し，巨額のドル準備を保有している。このように，兌換制から不換制への移行，より具体的に言えば，金本位制→旧 IMF 体制下の固定相場制→変動相場制というように貨幣制度が変遷することによって，基準・介入・準備通貨機能が自立化・発展したのである[29]。

不換制下の国際通貨機能は，国際決済の各レベルに応じて，次の通りに分類される。非銀行民間レベルの国際通貨機能は，契約・決済通貨と投資・調達通貨に区分される。非銀行部門は貿易取引と資本取引のために特定の通貨を使用する。契約通貨は財・サービスの輸出入の建値に用いられる通貨である。決済通貨は契約通貨がそのまま用いられるのが一般的である。そして投資・調達通貨は国際金融市場における資金調達・運用に用いられる通貨である[30]。銀行間外国為替市場レベルの為替媒介通貨は，為替銀行が銀行間外国為替市場において行う為替資金・持高操作で用いられる通貨である。公的レベルの国際通貨機能は，基準・介入・準備通貨に区分される。基準通貨は自国通貨をペッグあるいは安定化させる通貨である。介入通貨は自国通貨をペッグあるいは安定化のための外国為替市場介入に用いられる通貨である。そして準備通貨はその市場介入のために保有される通貨である[31]（図表 1 − 1）。

図表 1 − 1　国際決済と国際通貨機能

国際決済の各レベル	国際通貨機能		
公的レベル	基準通貨	介入通貨	準備通貨
銀行間外国為替市場レベル	為替媒介通貨		
非銀行民間レベル	契約通貨	決済通貨	投資・調達通貨

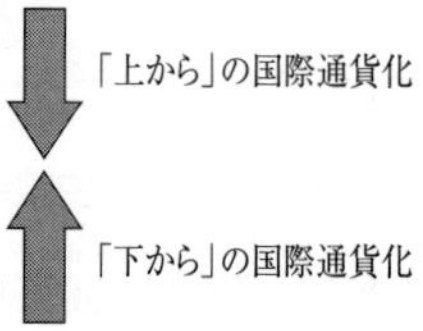

↓「上から」の国際通貨化
↑「下から」の国際通貨化

(注) 本図表の作成に関しては山本 [1997]，序章；藤田 [1999]，11 〜 14 ページを主に参考にした。

5．「上から」の国際通貨化と「下から」の国際通貨化

　次に為替媒介通貨論が何よりも問題にしたのは，特定国通貨の為替媒介通貨化＝国際通貨化に関する条件についてである。その際，重要な概念となるのが取引コストである。取引コストはbid-ask spread（売買鞘）で示され，それは手数料と為替リスクに依存し，前者が取引量に反比例し，後者は為替相場変動の大きさに比例する。特定国通貨の為替媒介通貨化＝国際通貨化は，取引コストを構成する取引量と為替相場変動という二要素から次のように規定される。前者からは，国際的な貿易取引や資本取引で特定国通貨が多く使われる条件が重視される。これは非銀行民間レベルの国際通貨機能の契約・決済通貨と投資・調達通貨において，特定国通貨の利用が高まっていくことを明らかにすることである。いわば，「下から」の国際通貨化ルートについての分析である。これに対して，後者からは，各国の為替相場制度や外国為替市場介入において特定国通貨が多く用いられる条件が重視される。これは公的レベルの国際通貨機能の基準・介入・準備通貨において，特定国通貨の利用が高まっていくことを明らかにすることである。いわば，「上から」の国際通貨化ルートについての分析である。これら二つの条件を充分に満たした特定国通貨は出合いが最も容易で，為替操作が最も容易な通貨，つまり取引コストが最も低い通貨になっていることから，為替媒介通貨に選択されることになる（前掲　図表1-1）。

　特定国通貨の為替媒介通貨化＝国際通貨化ルートに関しては見解の相違がある。井上［1994］は，「為替媒介通貨は公的な介入通貨を規定する。このため，介入通貨として使用するために公的な準備通貨が保有される場合，公的な準備通貨は，為替媒介通貨によって規定されることになる」[33]と主張する。つまり，井上は「下から」の国際通貨化のルートを重視するのである。これに対して，山本［1995］はドルとマルクの国際通貨化において「上から」の国際通貨化のルートを重視している。[34]第二次世界大戦後，アメリカの対外投資システムが解体したままで再建されず，ドルが民間の貿易取引や資本取引の拡大を通じて「下

から」の国際通貨化を実現し、ポンドと交替して直ちにグローバルな国際通貨に発展する展望は持てなかった。ドルが国際通貨化したのは、「IMF 協定が明記した統一的な固定相場制を維持するために各国が金平価ではなくドル平価を選択し、ドルを介入通貨・準備通貨として利用したからである。つまり、固定相場制こそがドルが地域通貨からグローバルな国際通貨へと発展するもっとも重要なルートであった」[35]のである。そしてマルクの国際通貨化に関しても、「下から」の国際通貨化よりも、「旧 IMF 体制下のドルと同じように、基軸通貨機能（公的レベルの国際通貨機能：筆者）を梃子に下向するルート（「上から」の国際通貨化ルート：筆者）がより重要であったと考えられる」[36]のである。

不換制下では、何らかの国際通貨協定が存在しないかぎり、変動相場制が常態化する。そのため、安定的な国際通貨関係を構築するために、旧 IMF 体制や EMS（欧州通貨制度）において固定相場制が維持されてきた。そして固定相場制の維持を目的とする各国通貨当局による外国為替市場介入は為替相場の安定化を通して特定国通貨の取引コストを引き下げ、その為替媒介通貨化＝国際通貨化に大きな影響を与える。このように、不換制下における特定国通貨の為替媒介通貨化＝国際通貨化において、各国通貨当局による外国為替市場介入は重要な意味を持っている。しかし、各国通貨当局による外国為替市場介入の意義は為替相場の安定化だけにとどまるものではない。それは、銀行間外国為替市場レベルで相殺されない国際的な債権債務関係を最終的に決済する国際的最終決済機能を果していることが重要なのである。国際的最終決済機能としての外国為替市場介入を重視する見解は、不換通貨ドルの流通根拠論争とは異なる問題設定に立つ研究に端を発するものであった。

6．準備・介入通貨論

1971 年の金ドル交換停止以降、金との結び付きを失ったドルが依然として国際通貨として流通するのはなぜかということをめぐって不換通貨ドルの流通根拠論争が行われてきた。しかし、国際通貨論は「流通根拠」だけを問題にし

てきたのではなかった。それは，国際通貨ドルが金から離れていった意味を問うものであった。

久留間［1979］は，「国際的取引が外国為替によって媒介される以上，特定中心国通貨ないし複数主要国通貨が，主要な国際通貨として機能するということは，兌換制・不換制に関わりなくいえることである」[37]とした。このことから，金ドル交換停止以降の国際通貨問題とは，「流通根拠論争」が問題にするように不換通貨ドルが国際通貨として機能していることではなく，「本来の限度をこえて一国通貨であるドルが国際通貨として機能している」[38]ことにあるとするのである。

小西［1979］［1980］は，金ドル交換とは不換通貨ドルを国際通貨として機能させる制度的条件というよりも，アメリカ以外の各国が対ドル公定為替相場を維持するための条件であり，それは「統一的固定相場制維持のための介入のルールに照応する公的決済のルールの核心部分にほかならない」[39]と位置付けた。さらに，小西［1996］は金ドル交換という公的決済のルールが崩壊したとはいえ，このことがドルの地位後退に直ちに結び付くことはないとした。なぜなら，過剰ドルの存在，アメリカの金融市場に代わるほかの金融市場が存在しなかったことなどから，「民間の取引主体がドル放棄でなく対ドル取引における為替リスク管理やリスクの積極的利用（投機）へと向かったのは当然であった。これらのことには『おかしさ』はどこにもない」[40]として，不換通貨ドルの流通根拠論争の問題設定を批判したのである。久留間と小西は，金ドル交換停止以降の国際通貨システムの中心的問題を「流通根拠」ではなく，国際通貨ドルの圧倒的な地位という現実の下で，国際通貨ドルが限度を超えて供給されていることの意味を問うことにあると主張するのである。

この国際通貨ドルの限度を超えた供給と国際通貨ドルの地位を支える構造を実証的に解明したのが，松村［1985］［1988］［1993］と小西［1981］［1982］である。松村は，アメリカの国際収支赤字の拡大に対応する形で国際収支黒字国の対米投資が増大せざるを得なかったというファイナンス構造を重視し，この

構造をドル体制を支える重要な枠組みであったことから,「体制支持金融」と規定した。特に,1970年代におけるアメリカの国際収支赤字の大部分が外国通貨当局に対する米財務省証券の売却によってファイナンスされていたことから,この時期の「体制支持金融」を「公的体制支持金融」としている。[41]

小西は,変動相場制下で生じている過剰ドル残高の処理メカニズムにおいて,国際収支黒字国の通貨当局による外国為替市場介入を重視した。滝沢［1985］が指摘したように,ドル残高は,① 基礎収支赤字,② 対外短期貸付の増加,③ 金準備の増加によって増えるが,1970年代では,① 基礎収支赤字と ② 対外短期貸付の増加が著しかった。小西は,① と ② の増加による過剰ドルの累積の下,ドル体制を支えてきたのが,「黒字国通貨当局を中心とする各国通貨当局による固定相場制下に匹敵する規模の介入を通じての,過剰ドルの保有,処理,その一部の事実上の凍結＝公的決済の『事実上の凍結』」であったこと[42]を重視した。

国際通貨ドルが金から離れていった意味を問う見解の特徴は次のように整理される。第一は,金ドル交換停止以降の国際通貨問題は不換通貨ドルの流通根拠ではなく,金ドル交換停止によって国際通貨国アメリカが金や外貨による資産決済を免れていることの意味を問うことにある。金ドル交換停止によって,アメリカは金準備の限度を超えた国際収支赤字の拡大が可能となっている。第二は,ドル体制を支える重要な枠組みとして,国際的最終決済機能としての各国通貨当局によるドル介入と,そのために保有されるドル準備を重視していることである。このことは,銀行間外国為替市場レベルの国際通貨機能を重視する為替媒介通貨論に対して,公的レベルの国際通貨機能を重視する―ただし,為替媒介通貨論のように特定国通貨の国際通貨化の条件としてではない―ことに結び付くことになる。これが準備・介入通貨論である。為替媒介通貨論と準備・介入通貨論はそれぞれ,1980年代後半以降の国際通貨システムが抱える問題をどのように捉えるのであろうか。次節では,80年代後半以降の国際通貨システムの最大の問題であるアメリカの世界最大の債務大国化について見て

いこう。

7．アメリカの国際収支節度の喪失をめぐって

　1980年代後半，アメリカは世界最大の債務国に転落した。このアメリカの債務国化がもたらす問題については見解の相違が存在する。

　第一は為替媒介通貨論の立場からのものである。その見解は，為替媒介通貨ドルの侵食とマルクの為替媒介通貨化，そして日本の世界最大の債権大国化を根拠として，現在の国際通貨システムがドル一極体制からドル・マルク・円の三極通貨システムへの移行期にあるという三極通貨体制論である。アメリカの債務国化の原因はアメリカの国際収支赤字の拡大にある。1980年代後半，アメリカの国際収支赤字の拡大によるドル相場の急落がドルの為替リスクを高め，ドルの取引コストは増大することになった。他方，EMS下の固定相場制のもとで基準・介入・準備通貨となったマルクの為替リスクが低下し，マルクの取引コストは減少した。この結果，ヨーロッパにおいて為替媒介通貨ドルを媒介としない通貨同士の直接取引，いわゆるクロス取引が増加し，為替媒介通貨ドルの侵食が顕著となった。さらに，本書第5章で見るように，90年代に入ると，ヨーロッパ諸国の外国為替市場においてマルク対価の取引が増加することによって，マルクは為替媒介通貨として機能するようになった。

　このヨーロッパにおけるマルクの為替媒介通貨化を国際通貨システムの中でどのように位置付けるかが問題となる。井上［1994］は「特に，西欧においては，そして，世界的に見れば，インターバンクのドル・マルク取引は，為替媒介通貨ドルと為替媒介通貨マルクの取引であることもあるかもしれない。かつてのドル・ポンド枢軸のように，今や，国際通貨ドルと並んで国際通貨マルクが存在している」[43]と主張した。そして，山本［1994］は，この為替媒介通貨ドルの侵食とマルクの為替媒介通貨化に加えて，日本の世界最大の債権大国化という現象でもって，「1980年代後半以降国際通貨体制が『ドル本位制』という一極通貨体制からドル・マルク・円の三極通貨体制に移行しつつある」[44]とした。こ

のように，為替媒介通貨論はアメリカの国際収支赤字拡大の問題を，三極通貨体制というドル衰退論に帰結したのである。

第二は準備・介入通貨論の立場からのものである。それは，準備・介入通貨としてのドルの圧倒的な地位を根拠として，アメリカは国際収支赤字を拡大し続けており，国際通貨ドルの決定的な後退は生じていないとする見解である。

小西［1996］は，1980年代後半，マルクの国際通貨化と円の国際化が進展したが，公的レベルの国際通貨機能，特に介入通貨ドルの地位は圧倒的であり，このことからアメリカは依然として資産決済を免れ，国際通貨ドルの決定的な後退はいまだ生じていないとした。本章第5節で見たように，為替媒介通貨論における外国為替市場介入の意義は為替相場の安定化にあった。これに対して，小西は国際的最終決済の機能を果たすものとして，外国為替市場におけるドル介入を重視している[45]。

兌換制下では，銀行間外国為替市場レベルにおいて相殺されない国際的な債権債務関係は最終的には金現送によって決済された。このことはかつての国際通貨国イギリスにも当てはまり，その他諸国と同様に国際収支赤字を拡大し続けることはできなかった。旧IMF体制下の固定相場制において，アメリカ以外の各国が兌換制下の金現送に代わって外国為替市場においてドル介入を行う一方，アメリカは金ドル交換を行っていた。つまり，国際的最終決済の方式をアメリカ以外の各国がドル介入によって，アメリカは金交換によって行っていた。これによって，国際通貨国アメリカは兌換制下の金準備の限度を超えた国際収支赤字の拡大が可能となった。そして金ドル交換停止後の変動相場制下では，アメリカ以外の各国が依然として大規模なドル介入を継続する一方，アメリカは金や外貨による資産決済を免れている[46]。こうして，国際通貨国アメリカは金準備の制約を超えた国際収支赤字の拡大が可能になった。この結果が1980年代後半のアメリカの世界最大の債務国化であった。つまり，介入通貨ドルの自立化・発展は，金本位制→旧IMF体制下の固定相場制→変動相場制というように貨幣制度が変遷することによって，国際通貨国の国際収支赤字の

拡大に対する貨幣制度上の制約が緩和・喪失していくことの反映であった。

　為替媒介通貨論は，金本位制→旧IMF体制下の固定相場制→変動相場制という貨幣制度の変遷を為替リスクの増大として位置付け，この結果，為替媒介通貨概念が自立化・発展したと捉えた。さらに，為替媒介通貨ドルの侵食とマルクの為替媒介通貨化，そして日本の世界最大の債権大国化という現象でもって，三極通貨体制というドル衰退論を主張したのである。これに対して，準備・介入通貨論は，金本位制→旧IMF体制下の固定相場制→変動相場制という貨幣制度の変遷を国際通貨国の国際収支赤字の拡大に対する貨幣制度上の制約が緩和・喪失していく過程として捉えた。この見解は，国際通貨国アメリカが国際収支赤字を拡大し，国際収支節度を大幅に喪失していることを，現代の国際通貨システムの中心的問題とみることに結び付く。

　為替媒介通貨論は，為替銀行の視点から見た―個別経済主体といったミクロの視点―国際通貨選択の理論である。この見解は，国際通貨国アメリカによる国際収支節度の大幅な喪失の問題を三極通貨体制という国際通貨システムの移行論に解消してしまうのである。このことから，為替媒介通貨論の問題視角には大きな限界がある。

8．むすび

　為替媒介通貨論は，現在の国際通貨システムがドル一極体制からドル・マルク・円の三極通貨システムへの移行期にあると主張した。木下［1979］は「国際通貨形成過程の特質からいって，基軸通貨国はもともと世界的再生産の中心国であり，もっとも豊富な貨幣資産を保有する最強国であった。ところで，いかなる要因からにせよ，この国の最強国の地位が脅かされはじめるとともに，衰退期の国際通貨の諸現象が生ずる。両大戦間のポンドがそれであり，現在のドルがそれである」と主張した。このドル衰退を明らかにする国際通貨論として，不換通貨ドルの流通根拠論争の中で為替媒介通貨論が展開されてきたのである。

現在の国際通貨システムが中長期的にみて移行期にあることは間違いない。しかし，1980年代後半のドルの相対的な地位低下，そしてマルクと円の相対的な地位向上という現象を三極通貨体制論というドル衰退論に結びつけることはできない。なぜなら，国際通貨国アメリカは依然として国際収支赤字を拡大し続け，国際収支節度を大幅に喪失しているからである。現代の国際通貨システムの中心的問題はここにある。そして，この国際収支節度の大幅な喪失を可能にするのがアメリカの国際通貨国特権である。

　本章の最後に，以上のような問題意識を踏まえた上で，本書の研究課題について改めて明示しておこう。

　第一は，国際通貨国特権の視点に基づく国際資本移動におけるアメリカの役割についての分析である。通説的見解である国際金融仲介機能論によれば，国際資本移動におけるアメリカの役割は「経常収支赤字以上の外資の余剰分を再投資する」という受動的なものとして捉えられる。しかし，国際資本移動におけるアメリカの役割を受動的なものに解消することができるのであろうか（第2章〜第4章）[50]。

　第二は，アメリカの国際通貨国特権の将来についての分析である。ヨーロッパで1980年代後半以降，東アジアでは90年代末以降，脱ドルの動きが進展している。これらの脱ドルの進展は，アメリカの国際通貨国特権にどのような影響を与えるのであろうか（第5章・第6章）。

　以上二つの研究課題について次章以降で見ていこう。

注）
1）　第二次世界大戦後の国内における国際通貨論に関しては，すでに数多くのサーベイ論文が発表されている。その中でも，国際資金循環の視点から整理した藤田［1988］；為替媒介通貨論の視点から整理した山本［1994］，補論；為替媒介通貨論を批判的に検討した川本［1995］が優れている。本章はこれらの研究に多くを依っている。
2）　本書では，特に断らない限り，変動相場制以降のIMF体制下の国際通貨制度との区別のために，IMF体制下の固定相場制度を旧IMF体制と表現する。

3) 岡橋［1951］，27～28 ページ。
4) 兌換制から不換制の移行による国際通貨関係の変化については，三宅［1968］，Ⅰ章とⅡ章に依っている。
5) 三宅［1962］，165～166 ページ。
6) 三宅［1968］，122 ページ。
7) 国際通貨と金との関係をめぐる当時の論争を網羅したものとして，経済理論学会編［1982］を参照。
8) 小野［1978］，84 ページ。
9) 同上書，93 ページ。
10) 同上書，93 ページ。
11) 今宮［1976］，13～15 ページ。
12) 三宅［1973］，198 ページ。
13) 岩野［1977］，52～56 ページ。
14) 1960 年代における海外の国際通貨制度改革をめぐる論争においては「多数意見」が論争をリードし，この結果，SDR（特別引出権）創出を軸とする IMF 協定の第 1 次改正が 1969 年に発効することになった。
15) 岩野［1977］，61～69 ページ。
16) 滝沢［1985］，13 ページ。なお，本書の初版の出版年は 1975 年である。
17) 滝沢［1990］，10～14 ページ。
18) 木下［1979］，189 ページ。
19) 木下［1979］は，世界貨幣金を国際的信用の動揺または崩壊の場合における国際的最終決済手段としての機能，そして国際通貨の信認を高めるものとして位置付けている（210～217 ページ）。
20) 同上書，201～210 ページ。
21) 重層的な国際通貨概念については，深町［1982］，第 1 章に依っている。
22) 藤田［1988］が指摘したように，「新しい」国際通貨論では特定国通貨の国際通貨化の条件の解明が問題の中心であり，国際通貨体制の動揺という視点は軽視されている。
23) 小西［1996］，23 ページ。伊藤［1993］は，世界貨幣金と国際通貨との関係を切り捨てることによって展開されてきた「新しい」国際通貨論を批判した。これに対して，深町［1994］は，伊藤の見解を金と不換通貨ドルの関係に固執し，国際通貨を貨幣論レベルのみで論じるものだとして批判している。久留間［1992］はこのような対立を次のように整理した。「アメリカが自国の赤字を限度なくドルで決済できるということになれば，金が国際決済の場に登場することは現実になくなってしまう。こうした現実から，金はすでに国際流通の場からも追放された，とする金の完全廃貨論が主張され，これに対して金はまだ貨幣としての役割を失ったわけではない，とする主張が対立している。こうした対立はとかく不毛

に対立になりかねない」(251 ページ)。川本 [1995] もこの対立に関して次のように述べている。「銀行預金形態での国際通貨論と金問題に固執する国際通貨論の対立の構図からは，国際的観点における貨幣の機能規定や貨幣価格としての為替相場の問題，さらには国際関係のなかでの国家の政策といった理論的積み上げのための出口は見出せないだろう」(72 ページ)。

24) 為替媒介通貨論の代表的研究としては，徳永 [1982]；山本 [1994] [1997]；井上 [1994]；深町 [1993]；奥田 [1996] などがあげられる。

25) 為替媒介通貨論は，海外の研究の成果を取り入れながら展開されたことも特徴である。海外で媒介通貨を重視する代表的論者としては，Swoboda [1969]；Chrystal [1977]；McKinnon [1979] などがあげられる。海外における一般的な媒介通貨概念は次のようなものである。「媒介通貨は，発行国と直接の取引を含まない外国貿易と国際資本取引を表示し，決済するのに利用される国民通貨である。媒介通貨として，当該国通貨は貨幣の三つの伝統的機能を果たすことに利用されうる。つまり，計算単位，交換手段，そして価値貯蔵手段である。さらに，当該国通貨は民間部門と公的部門の両方においてこれら三機能を果たしている」(Tavlas [1992a], p.754)。これに対して，Hartmann [1998] は外国為替市場における為替媒介通貨に焦点を絞っている。海外における媒介通貨の研究については山本 [1988]，第 6 章；Hartmann [1998], pp.19-29 を参照。

26) 徳永 [1982] によれば，為替資金・持高操作が特定国通貨に集中すること自体は，第一次世界大戦前の兌換制下でも行われていた。そして徳永は，兌換制と不換制を問わず「国際通貨とは，その基礎概念としては，為替インターバンク取引における為替媒介通貨」である (141 ページ) と主張した。

27) 山本 [1994], 25〜29 ページ。

28) 金ドル交換停止後の変動相場制下では，「国際通貨の多様化」と呼ばれる非銀行民間レベルの契約・決済通貨と投資通貨や公的レベルの準備通貨におけるドルの地位低下という現象が見られるようになった。これによって，為替銀行の対顧客取引において様々な外国通貨需要が発生したが，為替媒介通貨はドルに集中することになった。例えば，ポンドをマルクに交換する必要性が高まったとしても，両通貨を直接交換することはできず，ポンド売り／ドル買い・ドル売り／マルク買いというようにドルを媒介として外国為替取引が行われることになる。なぜドルが媒介通貨として利用されるかといえば，出会いの容易さを測る尺度である取引コストが安いためである。したがって，為替銀行は様々な通貨の売り持ちと買い持ちを，いったんドル建ての為替持高に転換して保有しておけば，いつでも容易にそして低コストで必要な通貨に交換することができる。この結果，為替媒介通貨機能はドルに集中することになったのである。1979 年における主要国の外国為替市場の実態調査によれば，最初にドルで行われた外国為替取引の割合は，パリでは 60％にとどまったが，ロンドンで 99％，フランクフルトでは 90％，チ

ューリッヒでも 95～99％に達していた（The Foreign Exchange Markets Participant's Study Group [1980]，邦訳 43 ページ）。変動相場制下の「国際通貨の多様化」については，佐々木 [1981]；深町 [1982]，第 6 章；井上 [1994]，第 1 章を参照。

29) Bloomfield [1959] によれば，第一次世界大戦前の金為替本位制と戦間期においても通貨当局による外国為替市場介入がすでに行われていた（邦訳，97～106 ページ）。

30) 国際通貨機能の標準的な見解は，計算単位，決済手段，価値貯蔵手段という国民通貨の三機能を国際的に適応したものである。岩田 [2005] は，標準的な見解では価値貯蔵手段として捉えられる投資通貨機能を支払手段機能に組み入れた新たな国際通貨論を提示している。

31) 不換制下での国際通貨の各機能については，山本 [1997]，序章；藤田 [1999]，11～14 ページを主に参考にした。

32) 為替媒介通貨論の基礎となった「新しい」国際通貨論では，特定国通貨の国際通貨化のルートに関して，「下から」の国際通貨化が重視されていた。それは，木下 [1979] が世界的規模での物的再生産過程において中心的位置にあることを特定国通貨の国際通貨化の基礎的条件としたことにあらわれている（208～210 ページ）。深町 [1982] も「取引通貨としての私的国際通貨の形成が先行し，銀行間市場である外国為替市場への中央銀行―あるいは為替平衡（安定）資金―の公的介入操作が行われることにともなって，介入通貨（intervention currency）と準備通貨の機能を持った公的国際通貨が形成されてくるからである。これは，歴史的展開の順序であるとともに論理的に上向していく序次でもある」(8 ページ) とした。

33) 井上 [1994]，41 ページ。もちろん井上は「上から」の国際通貨化のルートの重要性についても指摘している。

34) ドルの国際通貨化のルートに関しては，深町 [1982] も山本と同様の見解を早い時期から主張していた（89～90 ページ）。

35) 山本 [1988]，151 ページ。藤田 [1993] も，井上への書評に際して，マルクの国際通貨化における「上からの」ルートの重要性について指摘している。

36) 山本 [1995]，671 ページ。西倉 [1998] は，西ヨーロッパと日本におけるドルの国際通貨化の過程を明らかにした。戦後のヨーロッパ域内の通貨協力機構である EPU（ヨーロッパ支払同盟）を引き継いで 1958 年に発足した EMA（ヨーロッパ通貨協定）では介入通貨がドルに一元化された。この介入通貨化はドルを「上から」国際通貨化させることになった。これに対して日本の場合，貿易のドル建て比率が極めて高かったため，為替媒介通貨の重要性は低く，むしろ契約通貨→第三国貿易決済通貨→インターバンク為替市場における取引通貨という「下から」のドルの国際通貨化ルートが重要であった。

37) 久留間［1979］，209ページ。同論文は久留間［1999］に所収されている。
38) 久留間［1979］，211ページ。
39) 小西［1980］（完），210ページ。小西と同様の見解としては真藤［1977］，126ページ；山田［1989］，287～291ページがあげられる。
40) 小西［1996］，22ページ。
41) 1980年代以降，アメリカの国際収支赤字が外国公的部門だけでなく，外国民間部門によってもファイナンスされることになった。松村はこれを「私的体制支持金融」と定義した。
42) 小西［1982］（下），86ページ。
43) 井上［1994］，231ページ。田中［1994］は，マルクの為替媒介通貨化の持つ歴史的意義をアメリカの自国通貨ドルによる国際収支赤字ファイナンスに対する現実的批判であると捉えた。
44) 山本［1994］，164ページ。山本は，マルクが基軸通貨機能と為替媒介通貨機能を獲得することによってドルから相対的に自立する一方，円にはそのような動きは見られず債権大国化のみが先行しており，ドルを補完せざるをえなかったことを指摘している（280ページ）。
45) 平［2001］も，不換制下における通貨当局による外国為替市場介入の役割を重視している。「価格標準の固定性と明示性が喪失したからといって，国内的には野放図なインフレは許されず，対外的には為替相場の野放図な変動は放置しえない。管理通貨制度の確立の意義はここにあるのであって，この段階の国際通貨とその諸機能は，各国通貨当局による個別的あるいは国際的なとりきめや介入を抜きに論じることはできない」（141ページ）。
46) アメリカがユーロと円といった外貨準備を保有し，自らが外国為替市場介入を行うことが増えている。Federal Reserve Bank of New York［2007］によれば，2007年9月末，SOMA（連邦準備制度公開市場勘定）とESF（米財務省為替安定基金）を合計したアメリカの外貨準備高約442億ドルのうち，ユーロが62.7％，円は37.3％となっている。
47) 三極通貨体制論を批判した研究としては，国際決済機能のドルの圧倒的な地位と国際金融市場におけるドル需要の強さを重視する中尾［1996］，第5章と，実体経済面でのアメリカの規模の大きさを重視する石見［1992］，第5章，終章もあげられる。
48) 侘美［1981］は，深町への書評に際して，「現代の国際通貨体制を分析するときの，より究極的な課題が，単に国際通貨概念の摘出やドルのいわゆる『流通根拠』の解明にあるのでなく，現代資本主義の世界体制全体との関連における国際通貨体制の分析でなければならないであろう」（121ページ）と述べた。これは，国際通貨概念の選択とは，今日の国際通貨関係，そして世界経済の問題を何と捉え，何に注目するかという点で考察されなければならないということを指摘した

ものである。平［1981］も侘美と同様の批判を行っている。
49) 木下［1979］，239ページ。
50) 「はしがき」で述べたように，第3章と第4章にはそれぞれ補論を設けている。これらの補論では，アメリカの国際通貨国特権の視点から1990年代後半から2000年代前半にかけてのアメリカの景気拡大の対外的条件について明らかにする。

第2章　国際資本移動における国際通貨国アメリカ

1．はじめに

　国際資本移動には，それぞれの時代に国際資本移動の中心となる「主役」がいる。1990年代後半以降の国際資本移動における「主役」がアメリカである。通説的見解によれば，アメリカは経常収支赤字を超える外国資本を集め，それを経常収支赤字ファイナンスに充てる一方，その赤字以上の余剰分を対外投資している。ここで，アメリカは「経常収支赤字以上の外資の余剰分を再投資する」ことによって，国際資本移動において国際金融仲介機能を果たすと捉えられている。これが国際金融仲介機能論である。しかし，国際資本移動における国際通貨国アメリカの役割を「経常収支赤字以上の外資の余剰分を再投資する」という受動的なものに解消することができるのであろうか。

　本章では，通説的見解である国際金融仲介機能論の批判的検討を通して，国際資本移動における国際通貨国アメリカの役割を理論的に明らかにする。この理論的分析によって，アメリカを中心とする国際資本移動を正確に把握する視座が得られるであろう。

2．国際金融仲介機能論

　1990年代，とりわけ後半以降，アメリカの経常収支赤字は拡大し続けている。95年，1,136億ドルであった経常収支赤字は，2000年は4,174億ドルに達した。2001年には赤字幅が減少したものの，2002年以降再び増加傾向に転じ，2006年には史上最高の8,115億ドルに達している（図表2－1）。

　開放経済では，経常収支赤字は資本収支黒字によってファイナンスされる。

図表 2−1　アメリカの国際収支 (1995〜2007年)

(単位：100万ドル)

Line		1995	1996	1997	1998	1999	2000	2001
77	経常収支	▲113,567	▲124,764	▲140,726	▲215,062	▲301,630	▲417,426	▲384,699
74	財・サービス収支	▲96,384	▲104,065	▲108,273	▲166,140	▲265,090	▲379,835	▲365,126
75	所得収支	20,891	22,318	12,609	4,265	13,888	21,054	31,722
76	移転収支	▲38,074	▲43,017	▲45,062	▲53,187	▲50,428	▲58,645	▲51,295
	資本収支	86,298	137,687	221,334	69,740	236,148	486,373	400,243
40	対外投資	▲352,264	▲413,409	▲485,475	▲353,829	▲504,062	▲560,523	▲382,616
55	対米投資	438,562	551,096	706,809	423,569	740,210	1,046,896	782,859
	直接投資収支	40,974	▲5,383	800	36,401	64,510	162,062	24,672
51	対外直接投資	▲98,750	▲91,885	▲104,803	▲142,644	▲224,934	▲159,212	▲142,349
64	対米直接投資	57,776	86,502	105,603	179,045	289,444	321,274	167,021
	証券投資収支	46,399	100,979	174,992	54,692	132,101	261,998	288,863
52	対外証券投資	▲122,394	▲149,315	▲116,852	▲130,204	▲122,236	▲127,908	▲90,644
	対米証券投資	168,793	250,294	291,844	184,896	254,337	389,906	379,507
65	国債	91,544	147,022	130,435	28,581	44,497	69,983	▲14,378
66	株式・社債	77,249	103,272	161,409	156,315	298,834	459,889	393,885
	非銀行部門収支	14,351	32,597	▲5,242	15,064	21,457	31,882	57,590
53	債権	▲45,286	▲86,333	▲121,760	▲38,204	▲97,704	▲138,790	▲8,520
68	債務	59,637	53,736	116,518	23,140	76,247	170,672	66,110
	銀行部門収支	▲44,932	▲75,077	7,908	4,197	▲16,453	▲16,411	▲17,327
54	債権	▲75,108	▲91,555	▲141,118	▲35,572	▲70,685	▲133,382	▲135,706
69	債務	30,176	16,478	149,026	39,769	54,232	116,971	118,379
56	外国公的資産	109,880	126,724	19,036	▲19,903	43,543	42,758	28,059
70	デリバティブ取引	n.a.	n.a.	n.a.	n.a.	n.a.	n.a.	n.a.
71	統計上の不一致	28,196	▲12,188	▲79,581	146,088	70,421	▲67,937	▲14,274

第2章　国際資本移動における国際通貨国アメリカ　39

Line		2002	2003	2004	2005	2006	2007
77	経常収支	▲459,641	▲522,101	▲640,148	▲754,848	▲811,477	▲738,638
74	財・サービス収支	▲423,725	▲496,915	▲612,092	▲714,371	▲758,522	▲708,515
75	所得収支	27,671	45,421	56,357	48,058	36,640	74,316
76	移転収支	▲63,587	▲70,607	▲84,414	▲88,535	▲89,595	▲104,438
	資本収支	503,167	538,928	556,742	777,356	804,421	657,365
40	対外投資	▲294,646	▲325,424	▲905,024	▲426,875	▲1,055,176	▲1,206,332
55	対米投資	797,813	864,352	1,461,766	1,204,231	1,859,597	1,863,697
	直接投資収支	▲70,088	▲85,814	▲133,274	116,658	▲54,778	▲131,001
51	対外直接投資	▲154,460	▲149,564	▲279,086	7,662	▲235,358	▲335,415
64	対米直接投資	84,372	63,750	145,812	108,996	180,580	204,414
	証券投資収支	335,134	165,438	328,552	385,588	266,598	284,334
52	対外証券投資	▲48,568	▲146,722	▲146,549	▲197,098	▲289,422	▲273,851
	対米証券投資	383,702	312,160	475,101	582,686	556,020	558,185
65	国債	100,403	91,455	93,608	132,300	▲35,931	166,301
66	株式・社債	283,299	220,705	381,493	450,386	591,951	391,884
	非銀行部門収支	45,849	78,342	▲30,615	▲7,799	152,238	182,398
53	債権	▲50,022	▲18,184	▲124,137	▲39,603	▲83,531	15,819
68	債務	95,871	96,526	93,522	31,804	235,769	166,579
	銀行部門収支	58,150	84,193	▲25,020	▲14,963	▲20,192	▲78,947
54	債権	▲38,260	▲13,014	▲359,767	217,471	▲454,585	▲589,831
69	債務	96,410	97,207	334,747	202,508	434,393	510,884
56	外国公的資産	115,945	278,069	397,755	259,268	440,264	412,698
70	デリバティブ取引	n.a.	n.a.	n.a.	n.a.	28,762	n.a.
71	統計上の不一致	▲42,056	▲13,348	85,775	▲18,454	▲17,794	83,590

(注) 2007年は速報値。
(出所) 米商務省経済分析局ウェブサイトより作成。

国際収支表は複式簿記の原理で処理されるため，すべての国際取引がバランスシートの借方と貸方の両方に計上される。

このことから，

経常収支＋資本収支 ≡ 0 …①

という関係が成り立ち，経常収支黒字（赤字）には同額の資本収支赤字（黒字）が対応することになる[1]。

しかし，1990年代後半以降のアメリカの国際収支の特徴は経常収支赤字の増加だけでは捉えられない。それはアメリカをめぐる資本流出と資本流入の両方が急増していることである。例えば，2000年，経常収支赤字4,174億ドルに対して，対外投資が5,605億ドル，対米投資は1兆469億ドルに達している（図表2－1）。

IMF［1997］は，1990年代後半の国際資本移動におけるアメリカの役割について次のように述べている。「アメリカはグローバルな資金仲介の役割を果たしている。すなわち，相対的に安全で流動性の高い証券（アメリカ政府債と高格付けの社債）を相対的に高い利回りで供給することによって国際資本を引き付けている。それらの流入資本を国際金融市場を通じて，流動性は低いがより高い利回りをもたらす形で再投資」[2]している。そして，このような国際金融仲介機能を担えるのは，「アメリカ所在の機関投資家やグローバルな金融機関が世界中で高利回りの市場に資本を投資するための進歩的な知識，専門技術，そしてグローバルな行動範囲」を持っているためである[3]。すなわち，90年代後半以降，経常収支赤字以上の外国資本を集め，それを巨額の経常収支赤字ファイナンスに充てる一方，その経常収支赤字以上の余剰分を対外投資することによって，アメリカは国際金融仲介機能を果たす「世界の銀行」と捉えられているのである[4]。

アメリカの国際金融仲介機能は，大規模な外国資本流入によって支えられている[5]。Bernanke［2005］は，1990年代末以降，周辺国の「世界的な貯蓄過剰」が外国資本流入となって，中心国アメリカに大規模に流入していることを重視

している[6]。周辺国の「世界的な貯蓄過剰」の中では,とりわけ東アジアのエマージング(新興)諸国の外貨準備増加が中心となっている。Dooley, Folkerts-Landau and Garber［2004］は,東アジアのエマージング諸国の外貨準備増加がアメリカからの直接投資流入に対する一種の「担保」として機能しているとみなしている。つまり,「世界的な貯蓄過剰」の中心である東アジアのエマージング諸国は米財務省証券投資を行う一方,輸出主導型の経済成長に必要な直接投資をアメリカから流入させていると捉えるのである。

通説的見解である国際金融仲介機能論は,1990年代後半以降の国際資本移動におけるアメリカの役割について次のように捉えている。経常収支赤字以上の外国資本を集め,それを巨額の経常収支赤字ファイナンスに充てる一方,その経常収支赤字以上の余剰分を対外投資することによって,アメリカは国際金融仲介機能を果たしている。そして,その国際金融仲介機能は「世界的な貯蓄過剰」を抱える周辺国による資金運用および調達の結果である。ここで,アメリカは「経常収支赤字以上の外資の余剰分を再投資する」という受動的な役割を果たしていると捉えられるのである[7]。

3. 国際資本移動における国際通貨国

世界的な規模で国際金融仲介機能を果たしてきた国は,歴史上で見ると,国際通貨国であるイギリスとアメリカ,そして非国際通貨国である日本があげられる[8]。1980年代後半,日本は経常収支黒字以上の対外投資を行う結果,経常収支から長期資本収支を差し引いた基礎収支が赤字となっていたが,その赤字を為替銀行の対外短期債務の増加でファイナンスしていた。これが「短期借り・長期貸し」といわれる対外投資構造であった。Black［1990］は,「短期借り・長期貸し」によって,日本が国際金融仲介機能を果たしており,その地位は19世紀から20世紀初めまでのイギリスと1945年から1980年までのアメリカの「世界の銀行」としての地位に類似しているとした。しかし,国際通貨国であるイギリスやアメリカの「短期借り・長期貸し」が自国通貨建てによるもの

であったのに対して，非国際通貨国である日本の場合は外貨であるドル建てで行われた。Tavlas and Ozeki [1992] は，「短期借り・長期貸し」による国際金融仲介機能が「世界の銀行」として機能していることを直接的に保証するものではなく，その「短期借り・長期貸し」が国際流動性を拡大するとき，当該国は「世界の銀行」として機能しているとした。この国際流動性＝国際通貨の供給を行うのが国際通貨国である。国際通貨の実態は非居住者保有の国際通貨建て当座預金残高であり，それは国際通貨国の銀行システムの信用創造を通じた貸出によって新たに創り出される[9]。ここで，「世界の銀行」である国際通貨国は国際資本移動の起点となっている[10]。

非居住者保有の国際通貨建て当座預金残高は，その振替を通して国際取引を決済することによって，国際決済手段として機能する。このように，一国民通貨を国際決済に利用することにより，国際通貨システムには非対称性が生じることになる[11]。国際通貨システムにおける非対称性を説明するのが（N − 1）論である。国際通貨が存在しない場合，国際通貨システムに参加する国が多くなればなるほど為替相場の数は増加し複雑になる。そこでN番目の国の通貨が基軸通貨として導入されると，為替相場の組み合わせは簡単になるものの，次のような非対称性が生じる。N番目の国の場合，為替相場の決定権がない，受動的に（N − 1）カ国が設定した為替相場を受け入れざるを得ない，そして自国の国際収支目標を設定できないといったデメリットを負う一方で，自国通貨で対外決済ができ，国際準備が不要であることから，国際収支節度を免れるというメリットを持つことになる。これに対して，（N − 1）カ国は，為替相場の決定権を持つが，対外決済のためにN番目の通貨を国際準備として保有することから，国際収支節度を遵守しなければならない[12]。

国際収支表のバランスシートで言えば，国際収支赤字（経常収支赤字と対外投資）を拡大する場合，貸記項目には対外債務増加または対外債権減少が計上される。具体的には，国際通貨国の場合は主に自国通貨建て債務の増加が，非国際通貨国の場合は主に外貨建て（国際通貨建てが中心）債権の減少が計上さ

れることになる（図表2－2）。非国際通貨国が外貨建て債権を入手するには，経常収支黒字を計上するか，または対外借入を行わなければならない。これらは当該国の国際競争力や国際金融市場での信用力によって左右されるが，自らが国際通貨を創出できない以上，非国際通貨国の経常収支赤字と対外投資の拡大には自ずと限界がある。これに対して，国際通貨国は自国の銀行システムのもとで自国通貨を創出することによって，対外支払い・投資を行うことができる。これによって国際通貨国は自国通貨による国際収支赤字ファイナンス（負債決済）が可能となる。この国際通貨国特権はかつての国際通貨国であったイギリスにも当てはまるものであったが，現在の国際通貨国アメリカの場合には新たな性格が付け加わっている。それは1971年の金ドル交換停止以降，国際通貨ドルが事実上の国際的最終決済手段となり，アメリカは金や外貨による資産決済を免れていることである。このことは，国際通貨国の国際収支赤字の拡大に対する貨幣制度上の対外的制約が喪失してしまったことを示している。この結果が80年代後半におけるアメリカの世界最大の債務国化であった。

4．国際通貨ドル

世界最大の債務国にもかかわらず，アメリカが国際収支赤字を拡大できるの

図表2－2　国際収支表の取引例[1,2]

	貸記	借記	収支尻
経常収支		① 　輸入　　－20億ドル	－20億ドル
資本収支	① 対外債務増加 　または　　　　＋20億ドル 　対外債権減少 ② 対外債務増加 　または　　　　＋10億ドル 　対外債権減少	② 対外債権増加　＋10億ドル	＋20億ドル

（注1）国際収支の各項目の詳細は省略している。
（注2）①アメリカの企業が20億ドル相当の財・サービスの輸入を行った場合。
　　　　②アメリカの金融機関が10億ドル相当の外国証券を購入した場合である。

は，ドルの圧倒的な国際通貨としての地位があるからである。第1章第4節で見たように，国際通貨機能は国際決済の各レベルに対応して，公的レベル，銀行間外国為替市場レベル，非銀行民間レベルに区分される。本節では，この国際通貨機能の三つのレベルから国際通貨ドルの地位について見てみる。

第一は，公的レベルの基準・介入・準備通貨機能である。2007年4月末，ハードペッグ諸国とソフトペッグ諸国において，アンカー通貨としてドルは最も利用されている（図表2－3）。ユーロ導入後，ユーロ圏諸国を中心にユーロのアンカー通貨としての利用が高まっているが，ドルをアンカー通貨とする諸国はアジア諸国，アフリカ諸国，中東諸国，ラテンアメリカ諸国といったようにグローバルに及んでいる[13]。つまり，ドルは依然としてグローバルな基準通貨

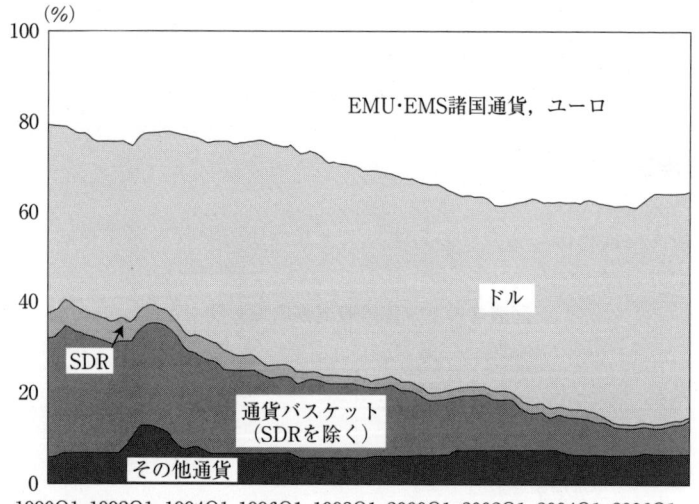

図表2－3　アンカー通貨の動向（1990～2007年）[1, 2]

(注1) 2007年4月末，ハードペッグまたはソフトペッグを採用している諸国を含む。なお，ハードペッグ諸国は独立した法貨を持たない諸国とカレンシーボード制を採用している諸国を含む。そして，ソフトペッグ諸国は伝統的な固定相場制と中間ペッグ制を採用している諸国を含む。
(注2) 四半期データ。全体における割合。
(原資料) Annual Report on Exchange Arrangements and Exchange Restrictions database.
(出所) IMF［2007］, p.13より作成。

なのである。次に世界の公的外貨準備の通貨別構成を見ると，1999年以降，ユーロのシェアが増加しているものの，ドルのシェアは，90年代と同様，高水準で安定している。2006年，ドルが64.7％，ユーロが25.8％，英ポンドが4.4％，円が3.2％となっている（図表2－4）。このように，ドルはグローバルな準備通貨なのである。そして，準備通貨が各国通貨当局による外国為替市場介入のために用いられることを考えると，介入通貨としてのドルの地位も圧倒的である。

　第二は，銀行間外国為替市場レベルの為替媒介通貨機能である。世界の外国為替市場における通貨別取引高では，2000年代，ドルのシェアはユーロ，円，英ポンドといったその他の先進主要国通貨のシェアを圧倒している。2007年4月，ユーロが37.0％，円が16.5％，英ポンドが15.0％である一方で，ドルは86.3％となっている[14]（図表2－5）。このように，世界の外国為替市場ではドルを対価とする取引が最も多く，ドルはグローバルな為替媒介通貨となっている。

　第三は，非銀行民間レベルの契約・決済通貨と投資・調達通貨機能である。主要国の財貿易を見ると，ユーロ建てシェアが高いユーロ域諸国とユーロ未参

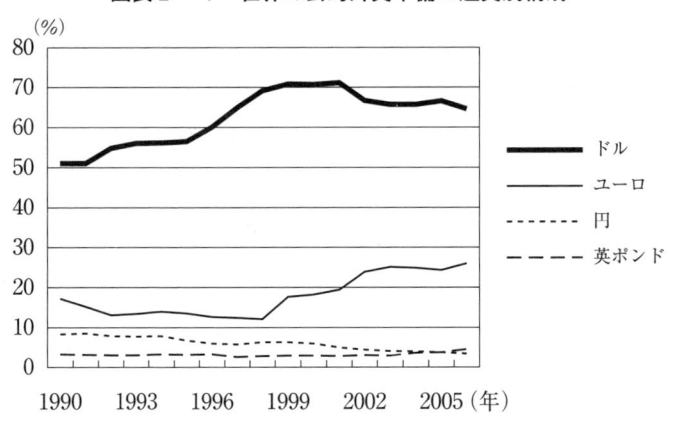

図表2－4　世界の公的外貨準備の通貨別構成

（注）1998年以前のユーロ建てのデータはマルク建てである。
（出所）IMF, *Annual Report*, various issues より作成。

加EU諸国ではドル建てシェアは低いものとなっている。これに対して，ヨーロッパ以外の諸国では，自国通貨建て貿易が進展している日本などの一部の諸国を除けば，ドル建てのシェアは高いものとなっている（図表2-6）。つまり，ヨーロッパ諸国の貿易においてユーロ建ての利用が高まっているが，ドルは依然としてグローバルな契約・決済通貨なのである。

次は投資・調達通貨である。国際債発行残高の通貨構成（2006年第4四半期）を見ると，世界全体ではユーロのシェアが31.4%，円が5.3%であるのに対して，ドルは44.3%となっている。[15] これに対して，対外債券投資の資産残高の通貨構成（2005年末）では，ユーロ未参加EU諸国では一部の諸国の除きユーロ建てシェアが約40%～50%となる一方，EU近隣諸国の中でもウクライナ（83%）とスイス（39%）のユーロ建てシェアは高いものとなっている。しかし，ドル建てのシェアは，アメリカで約8割，ラテンアメリカで7～9割，アジアでは一部の諸国を除けば，4～9割となっており，ドルの利用はグローバルに及んでいる。[16] このように，ユーロ導入後，国際債券市場におけるユーロの利用が高まっているものの，ドルのグローバルな投資・調達通貨としての地位は揺らいでいない。

以上で見たように，グローバルにみれば，国際通貨ドルの地位は依然として圧倒的である。これを背景として，国際取引の大部分はドル決済で行われることになる。ドル建ての国際取引の決済はニューヨーク，ロンドン，オフショア金融センター（OFCs）といった世界中の国際金融市場で行われるが，その最終尻が決済されるのは主にCHIPS（Clearing House Interbank Payments System）を媒介としたニューヨークのドル建て当座預金残高の振替である。[17] このことは，アメリカの国際収支赤字の「自動的」ファイナンスを可能とする。つまり，国際収支赤字の結果としてアメリカから「流出」したドル資金は，ドルのグローバルな国際通貨としての圧倒的な地位を背景として，その保有者とその内容が様々に変化するものの，ドルからその他通貨に大規模に転換されることなく，様々なルートを通じてアメリカに「還流」する。この結果，アメリ

図表2-5　世界の外国為替市場における通貨別取引高[1,2]

(単位：%)

	2001年4月	2004年4月	2007年4月
ドル	90.3	88.7	86.3
ユーロ	37.6	37.2	37.0
円	22.7	20.3	16.5
英ポンド	13.2	16.9	15.0
スイス・フラン	6.1	6.1	6.8
オーストラリア・ドル	4.2	5.5	6.7
カナダ・ドル	4.5	4.2	4.2
スウェーデン・クローナ	2.6	2.3	2.8
香港ドル	2.3	1.9	2.8
ノルウェー・クローネ	1.5	1.4	2.2
ニュージーランド・ドル	0.6	1.0	1.9
メキシコ・ペソ	0.9	1.1	1.3
シンガポール・ドル	1.1	1.0	1.2
韓国ウォン	0.7	1.2	1.1
南アフリカ・ランド	1.0	0.8	0.9
デンマーク・クローネ	1.2	0.9	0.9
ロシア・ルーブル	0.4	0.7	0.8
ポーランド・ズオチ	0.5	0.4	0.8
インド・ルピー	0.2	0.3	0.7
中国元	0.0	0.1	0.5
新台湾ドル	0.3	0.4	0.4
ブラジル・レアル	0.4	0.2	0.4
全通貨	200	200	200
エマージング諸国通貨[3]	16.9	15.6	19.8
アジア[4]	4.7	5.3	7.2
ラテンアメリカ[5]	1.5	1.6	1.8
中央・東ヨーロッパ[6]	1.1	1.5	2.2

(注1) それぞれの年の4月の1営業日平均総取引高。
(注2) 外国為替取引は二通貨間で行われることから，取引シェアのパーセントの総計は100％ではなく200％となる。データは現地とクロスボーダーによる取引の二重計算を調整している。
(注3) 上位8通貨に加えて，ノルウェー・クローネ，ニュージーランド・ドル，デンマーク・クローネ以外の通貨を含む。
(注4) 上記のアジアのエマージング諸国通貨に加えて，インドネシア・ルピア，マレーシア・リンギット，フィリピン・ペソ，タイ・バーツを含む。
(注5) 上記のラテンアメリカ諸国通貨に加えて，チリ・ペソ，コロンビア・ペソを含む。
(注6) チェコ・コルナ，ハンガリー・フォリント，ロシア・ルーブル，ポーランド・ズオチ，スロヴァキア・コルナを含む。
(出所) BIS [2007], p. 11；Galati and Heath [2007], p. 67 より作成。

図表2-6　世界の主要国の財貿易におけるドル建てシェア

(単位：%)

	調査年	輸出	輸入
NAFTA諸国			
アメリカ	2003年	95.0	85.0
カナダ	2001年	70.0	n.a.
東アジア・オセアニア諸国			
日本	2007年下半期	49.3	73.5
韓国	2005年	82.5	81.7
マレーシア	1996年	66.0	66.0
タイ	2006年	81.7	79.2
インドネシア	2007年	93.2	83.6
オーストラリア	2003年	67.5	47.9
パキスタン	2003年	89.4	82.8
イスラエル	2004年	64.7	n.a.
アフリカ諸国			
アルジェリア	2004年	99.0	n.a.
南アフリカ	2003年	52.0	n.a.
ユーロ域諸国			
ベルギー	2005年	34.0	40.7
フランス	2006年第1四半期	39.5	46.5
ドイツ	2005年	23.9	37.1
イタリア	2005年	37.5	59.5
ルクセンブルグ	2006年第1四半期	32.7	40.9
オランダ	2002年	35.2	43.8
アイルランド	2006年第1四半期	50.1	69.3
ギリシャ	2006年第1四半期	57.0	64.3
ポルトガル	2006年第1四半期	35.9	43.8
スペイン	2006年第1四半期	31.2	43.8
オーストリア	2006年第1四半期	23.4	27.2
フィンランド	2006年第1四半期	47.6	62.8
キプロス	2006年第1四半期	49.4	30.7
スロヴェニア	2006年第1四半期	8.0	14.6
ユーロ未参加EU諸国			
デンマーク	2004年	19.3	18.1
イギリス	2002年	26.0	37.0
チェコ	2006年第1四半期	12.0	17.4
エストニア	2006年第1四半期	20.9	24.3
ハンガリー	2004年	9.6	18.8
ラトヴィア	2006年第1四半期	32.4	28.0
リトアニア	2005年	37.0	44.8
ポーランド	2005年	19.0	26.5
スロヴァキア	2003年	19.0	n.a.
ブルガリア	2006年第1四半期	40.2	42.5
ルーマニア	2005年	31.5	25.7

(出所) Goldberg and Tille [2005], p.20 ; European Central Bank [2006], pp.46-47 ; European Central Bank [2007a], p.36 ; European Central Bank [2007b] ; 財務省 [2008] ; Bank of Korea, *Monthly Statistical Bulletin*, various issues ; インドネシア中央銀行ウェブサイト ; タイ中央銀行ウェブサイトより抜粋して作成。

カの国際収支赤字は「自動的」にファイナンスされることになるのである。[18]

5．むすび

　通説的見解である国際金融仲介機能論によれば，経常収支赤字以上の外国資本を集め，それを巨額の経常収支赤字ファイナンスに充てる一方，その経常収支赤字以上の余剰分を対外投資することによって，アメリカは国際金融仲介機能を果たしている。そして，その国際金融仲介機能は「世界的な貯蓄過剰」を抱える周辺国による資金運用および調達の結果である。[19] ここで，アメリカは「経常収支赤字以上の外資の余剰分を再投資する」受動的な役割を果たしていると捉えられる。

　しかし，国際資本移動における国際通貨国アメリカの役割を国際金融仲介機能だけに解消することはできない。本章の最後として，1980年代後半，国際金融仲介機能を果たした日本との比較で，国際資本移動における国際通貨国アメリカの役割についてまとめておきたい。すでに指摘したように，80年代後半における日本の「短期借り・長期貸し」による国際金融仲介機能は自国通貨ではなく外貨であるドル建てで行われた。それはまさに中尾［1988］が称したようにドルの「又貸し」であった。これに対して，国際通貨国アメリカは国際資本移動において単に「又貸し」を行っているのではなく，自国の銀行システムでの信用創造を通して「自前で」自国通貨ドルを創出することによって，国際収支赤字（経常収支赤字と対外投資）を拡大することができる。ここで，アメリカは国際資本移動の起点となっている。つまり，国際資本移動におけるアメリカの役割は「経常収支赤字以上の外資の余剰分を再投資する」という受動的なものではなく，新たに資金を創り出すという意味で能動的な性格を持っている。国際金融仲介機能論は経常収支黒字国からの外国資本流入による一定量の資金を国際資本移動の起点として捉えているが，国際通貨国アメリカこそが国際資本移動の起点なのである。そして，その役割は周辺国の資金需要を引き受けるという「銀行とスポンジ」（Mckinnon［1969］）や基軸通貨国アメリカが

世界中の資金を吸収し，収益を求めて周辺国に投資するという「ポンプ」(片岡 [2001]) にとどまらない。こうした理解に立ってこそ，国際資本移動における国際通貨国アメリカの役割を正確に把握できるのである。

注)

1) 厳密には，経常収支は貿易収支以外に，サービス収支，所得収支，経常移転収支が含まれる一方，資本収支は外貨準備増減と誤差脱漏が含まれる。
2) IMF [1997], pp.2-3. 国際金融仲介機能論は，1960年代の国際通貨制度改革めぐる議論を出発点とし，「少数意見」の Kindleberger, Despres, and Salant [1966] などが主張したものである。第1章第3節で指摘したように，アメリカの資本輸出(＝ヨーロッパの長期借り入れ)がヨーロッパの短期ドル預金(＝アメリカの短期借り)として還流するという意味で，アメリカは国際金融仲介機能を果たす「世界の銀行」として捉えられた。当時，アメリカは経常収支黒字以上の対外投資を行う結果，経常収支から長期資本収支を差し引いた基礎収支が赤字となっていたが，この赤字を為替銀行の対外短期債務増加という形でファイナンスしていた。これが「短期借り・長期貸し」といわれる対外投資構造であった。
3) IMF [1997], p.3. この見解は1997年までの対米投資の特徴について指摘したものである。第3章と4章のそれぞれの補論で見るように，98年以降，対米投資は財務省証券から株式，直接投資，社債，政府関連機関債にシフトした。そして2000年前半には，株式と直接投資が低迷する一方，財務省証券，政府関連機関債，社債にシフトすることになった。
4) 藤田 [1985] が指摘するように，国際金融仲介機能論の基礎には，ガーレイ＝ショー以降の主流派の金融仲介機能についての理解がある。ミクロ的には，金融仲介機関である銀行は，黒字主体から赤字主体への資金移転の仲介を行うことによって資金の効率的利用を可能にする一方，マクロ的に見れば，資金移転を通じて貯蓄を投資に転化させる。この見解を国際的に適応すると，「世界の銀行」である国際通貨国は経常収支黒字国と経常収支赤字国の間において資金移転を行うことによって，国際的レベルで貯蓄・投資フローを効率化していることになる。
5) 1990年代後半以降のアメリカへの大規模な外国資本流入については，アメリカの経常収支赤字と対外債務の維持可能性(サスティナビリティ)をめぐる議論の中で展開されてきた。サスティナビリティには問題がないとするものとして，Higgins and Klitgaard [1998]；Cooper [2001]；Holman [2001]；Greenspan [2004]；Kouparitsas [2004] などがあげられる。これに対して，サスティナビリティに警鐘を鳴らす研究としては，Mann [1999]；Obstfeld and Rogoff [2004] などがあげられる。アメリカのサスティナビリティについてのサーベイとしては

Roubini and Setser［2004］が優れている．
6） Bernanke［2007］でも同様の見解が主張されている．IMF［2006b］は，アメリカ金融市場の優越性を背景として，周辺国の「世界的な貯蓄過剰」がアメリカに大規模に流入することによって，国際金融仲介機能が支えられており，この結果，現在のアメリカを中心とするグローバル・インバランスは維持可能であるとしている（pp.35-36）．
7） 1990年代後半以降のアメリカの国際金融仲介機能論を重視するものとしては，伊豆［2001］；片岡［2001］；奥田［2002］，第3章；立石［2005］があげられる．これに対して，国際金融仲介機能論だけでなく，アメリカの自国通貨による国際収支赤字ファイナンス（負債決済）も重視する研究としては，藤田［2003］；田中［2008］があげられる．
8） 1980年代後半における日本の国際金融仲介機能をめぐる海外の研究については，山本［1994］，199～203ページに依っている．
9） 国際的信用創造を重視する研究としては，前田［1986］；深町［1986］；向［1990］；藤田［1996］；山田［1999］；徳永［2000］；松本［2007］があげられる．なお，藤田［1996］によれば，国際資本移動において国際通貨国は，国際決済，国際信用創造，国際金融仲介の三機能を果たしている．この三機能から見た国際通貨国アメリカの役割については徳永［2006］を参照．
10） 銀行学派の立場から，流動性ジレンマ論を批判しているのが松井［2000］である．その見解は国際資本移動の起点をアメリカの金融システムに求めるものである．
11） 国際通貨システムにおける非対称性については藤田［2006］を参照．
12） （N−1）論の説明については山本［1994］，7～9ページに依っている．
13） IMF［2007］, p13. 田中［2003］は，ユーロを自国通貨とするEU諸国をユーロ域，そしてユーロを主要な国際通貨として使用する諸国をユーロ圏と呼んでいる（91ページ）．本書でも，特に断りがないかぎり，この区別を用いる．
14） BISのデータは銀行間外国為替市場と対顧客外国為替市場を含むものである．世界の大銀行は主要国通貨の銀行間外国為替決済のためにCLS（Continuous Linked Settlement system）を共同運営している．CLSシステムでの決済の通貨別のシェア（一日平均：合計200％）を見ると，2005年7月から2006年12月にかけて，総取引のうちドルが92.6％，ユーロが39.3％，円が18.7％，英ポンドが14.3％となっている（European Central Bank［2007a］, pp.32-33）．
15） Ibid., pp.22-23. このデータは「狭義」，すなわち資金調達者＝債券発行者が居住する国の通貨以外の通貨による発行を指す．
16） Ibid., p.21. 投資・調達通貨としてのユーロの利用の高まりについては，第5章第5節で詳しく検討する．
17） 中尾［1996］，238ページ．中島・宿輪［2000］によれば，クロスボーダーの

ドル決済のうち，95％が CHIPS を通じて決済されていると見られる (80 ページ)。
18)　1960年代，Rueff [1971] はすでに同様の指摘を行っていた。「ドル残高が累積されても，それは銀行預金または財務省証券購入資金としてアメリカに還流するか，もしくはヨーロッパ市場にとどまったままユーロダラーと化して，アメリカ企業に貸し付けられるかのどちらかであって，アメリカ経済全体としてみた場合，国際収支の赤字決済で国外に流出した金額は即座に回収できる仕組みになっているのである」(邦訳，234ページ)。このようなアメリカの国際収支赤字の「自動的」ファイナンスについては，徳永 [2000]；藤田・田中 [2006]；木下 [2007] も指摘している。
19)　アメリカが国際金融仲介機能を果たす理由として，アメリカの金融機関は欧日の金融機関よりもハイリスク・ハイリターンを選好していることに求める見解がある。例えば海野 [2000]，87ページを参照。

第3章 1990年代後半の国際資本移動における アメリカの能動性

1．はじめに

　第2章では，通説的見解である国際金融仲介機能論の批判的分析を通して，国際資本移動における国際通貨国アメリカの役割について理論的に明らかにした。国際通貨国アメリカの役割は，国際金融仲介機能論が主張するように「経常収支赤字以上の外資の余剰分を再投資する」という受動的なものではなく，国際資本移動の起点という意味で能動的なものであった。

　本章では，第2章での理論的分析を踏まえ，1990年代後半の国際資本移動におけるアメリカの能動性について実証的に明らかにする[1]。その際，アメリカの金融機関の対外資金供給に焦点を当てることによって，アメリカを起点とする国際的な資金ルートについて見ていく。

2．カリブ海金融センターに対する資金供給の拡大——1995～97年——

　1995年から97年にかけてのアメリカを起点とする第一の資金ルートは，カリブ海金融センターのミューチュアルファンドとヘッジファンドに対するレポ取引を通じた短期資金供給であった。1990年代後半のアメリカの地域別対外短期債権の動向を見ると，95年から97年にかけて，とりわけカリブ海金融センター向けが大きなものとなっている（図表3-1）。米商務省は次のように述べている。

　　「(1995年のアメリカの銀行債権増加の大部分：筆者)はカリブ海の金融センターの国際的な債券ミューチュアルファンドに対するものであった。貸出は主にレポ取引によるもので，それは米財務省証券の購入の急増をファイナン

スした。[2]」

そして，FRBはこのレポ取引を通じた貸出がヘッジファンドに対しても行われたことも指摘している[3]。

「1994年と同様，1995年，米財務省証券市場における外国人の取引の大部分はカリブ海金融センターからの資金流入であり，この一部はヘッジファンドの活動を反映したものであった。カリブ海金融センターの米財務省証券に対する投資の大部分はレポ取引によってファイナンスされた。そして，このレポ取引は銀行と証券ディーラーの対外資金供給の大部分を占めていた[4]。」

レポ取引は，後日買い戻すという条件の下に証券を売却し一定期間資金を調達するものであり，その実態は短期資金の担保付貸借である。米商務省とFRBが指摘しているように，ミューチュアルファンドやヘッジファンドはレ

図表3－1　アメリカの地域別対外短期債権（1995～2000年）
（アメリカ所在の銀行，証券ブローカー・ディーラーの報告）

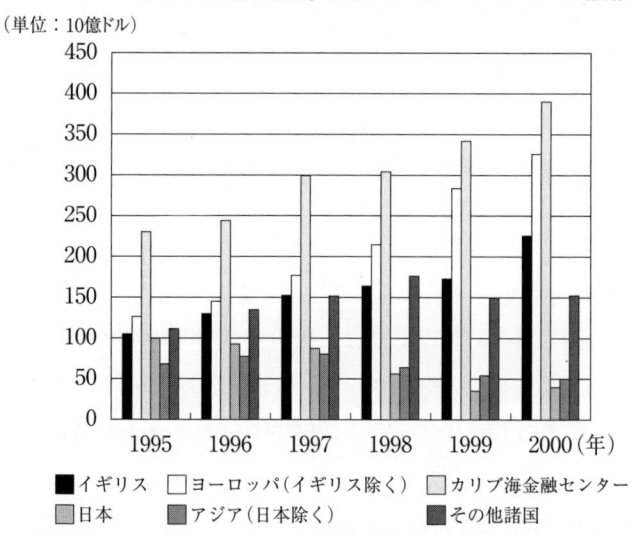

（単位：10億ドル）

■イギリス　□ヨーロッパ（イギリス除く）　カリブ海金融センター
日本　アジア（日本除く）　その他諸国

（注）カリブ海金融センターはバハマ，バミューダ，英領西インド諸島，蘭領アンチル諸島，パナマを含む。2001年以降，英領西インド諸島はケイマン諸島に変更。
（出所）米財務省国際資本報告システムウェブサイトより作成。

ポ取引を通じたアメリカの金融機関からの短期資金借入でもって，米財務省証券を購入した。つまり，アメリカを起点する資金はカリブ海金融センターを仲介としてアメリカに還流したのである。

カリブ海金融センターには，アメリカだけでなく，その他先進諸国からも大規模に資金が流入した。日本の銀行のカリブ海金融センターに対する貸出残高は，1994年末から97年第2四半期末との間に，386億ドルから746億ドルに増加した。この結果，日本の銀行がカリブ海金融センターにとって最大の貸し手となり，そのシェアは97年第2四半期末に27.9％に達した[5]。そして，カリブ海金融センターに拠点を置くヘッジファンドの多くは，アメリカや日本をはじめとする先進諸国の金融機関から調達した低金利通貨であるドルや円でもって，一部は米財務省証券投資を行う一方，他方で高利回りであるエマージング諸国に対して投資を行ったのである[6]。IMF［1998］で紹介されているヘッジファンドのレバレッジの取引例では，自己資本1ドルをもとに，マージン，ショートセリング，レポ取引，そしてオプション取引を通じて，買収先企業の1,000ドルの資産を入手する過程が説明されている[7]（図表3-2）。この取引例の特徴としては次のことがあげられる。第一は，高レバレッジ機関であるヘッジファンドがデリバティブ取引やレポ取引といったオフバランス取引を拡大していることである。第二は，日本の銀行による円貸出がヘッジファンドのレバレッジ取引の起点となっていることである。

さらに，アメリカの銀行は，日本の銀行と同様，ヘッジファンドに巨額の短期資金供給を行う一方，自己勘定でヘッジファンド型業務も行っていた。これがアメリカを起点とする第二の資金ルートである。1998年11月，国際金融情報センター（JCIF）による米系商業銀行・投資銀行（32社）に対するヒアリング調査によれば，32社のうち75％がヘッジファンドに運用委託をしており，そして50％まではヘッジファンドとの取引で入手した情報をもとに「模倣運用」を行っていた。そのうち，約19％（6社）がヘッジファンドへの運用委託以上の額の「模倣運用」を行っていたとされる。この結果，米系商業銀行・投資銀

行はヘッジファンドに対して約1,700億ドルの融資を行う一方,自己勘定によるヘッジファンド型運用を約2,000億ドルにまで増加させていたといわれる。[8]

1995年から97年にかけて,アメリカの金融機関は,国際資本移動においてプレゼンスを高めているミューチュアルファンドやヘッジファンドに対してレポ取引を通して対外短期資金供給を行っていた。さらに,この対外短期資金供給に加えて,アメリカの金融機関は自己勘定でヘッジファンド型業務も行っていた。このようなアメリカを起点とする資金ルートに95年から97年にかけてのアメリカの能動性があらわれていた。こうしたアメリカを起点とした資金の一部分は米財務省証券に投資され,アメリカに再び還流する一方,その他の部分がエマージング諸国に流入することになった。そして,エマージング諸国に大規模に流入した資金の一部分は,ドルにペッグする固定相場制のもと,米財務省証券に投資されることになり,アメリカに還流することになったのである。[9]

図表3－2　ヘッジファンドによるレバレッジ

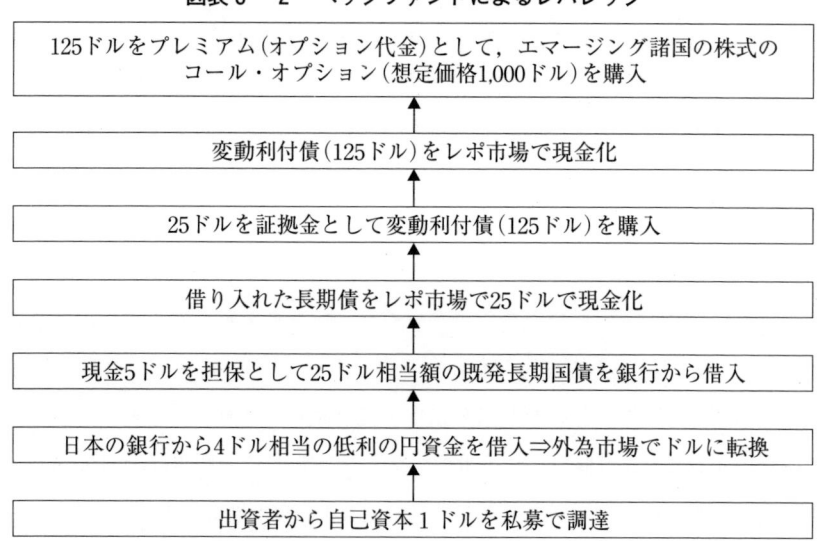

125ドルをプレミアム(オプション代金)として,エマージング諸国の株式のコール・オプション(想定価格1,000ドル)を購入
変動利付債(125ドル)をレポ市場で現金化
25ドルを証拠金として変動利付債(125ドル)を購入
借り入れた長期債をレポ市場で25ドルで現金化
現金5ドルを担保として25ドル相当額の既発長期国債を銀行から借入
日本の銀行から4ドル相当の低利の円資金を借入⇒外為市場でドルに転換
出資者から自己資本1ドルを私募で調達

(注) 本図表の作成に関しては高田[2000],211ページを参考にした。
(出所) IMF[1998],p.52より作成。

3．西欧向けの資金供給の拡大——1999～2000年——

　1997年7月に発生したタイの通貨危機はその他の東アジア諸国に伝染することになった。同年の秋から冬にかけて，インドネシアと韓国が通貨危機に，そして，大手金融機関の破たんを受けて，日本が金融危機に陥った。これによって，日本を含めた東アジア諸国から資金が大規模に流出することになった。この流出資金は，オフショア金融センター（OFCs）の銀行を経由し，ヨーロッパに大規模に流入し，「過剰な資金のプール」の一部となった[10]（図表3－3）。この「過剰な資金のプール」の一部分はアメリカに流入したと考えられる。アジア通貨危機直後の1998年第1四半期，対米証券投資895億ドルのうちヨーロッパからの投資額は760億ドルであった。つまり，アジア通貨危機を契機と

図表3－3　1997年6月末～1998年末のBIS報告銀行のネットの貸付金額と貸付先

(単位：10億ドル)

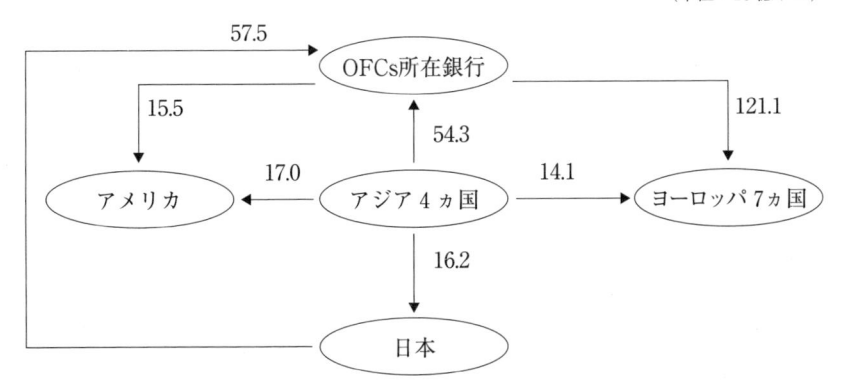

```
                    57.5
         ┌──────────────→ OFCs所在銀行 ──────────┐
         │          15.5 ↓ ↑ 54.3        121.1 │
         │                                     ↓
      アメリカ ←──── アジア4ヵ国 ────→ ヨーロッパ7ヵ国
                17.0          14.1
                      │ 16.2
                      ↓
                     日本
```

(注1) アジア4カ国からの資金流出はOFCs，アメリカ，ヨーロッパ7カ国，そして日本に所在するBIS報告銀行のアジア4カ国に対するネットの債務増加額に対応する。
(注2) アメリカ，ヨーロッパ7カ国，日本に対するOFCsからの資金移動は，アメリカ，ヨーロッパ7カ国，日本に所在する銀行部門および非銀行部門の両者に対するOFCs所在の銀行によるネットの貸付に対応する。
(注3) アジア4カ国はタイ，インドネシア，フィリピン，韓国。
(注4) ヨーロッパ7カ国はイギリス，ドイツ，フランス，イタリア，オランダ，スペイン，スイス。
(出所) Wincoop and Yi [2000], p.286より作成。本図表の作成に関しては山本 [2002], 123ページを参考にした。

して,「逃避資本」のアメリカへの大規模な流入が生じたのである。しかし,98年第3四半期に勃発したロシア通貨危機はアメリカをめぐる国際資本移動を一変させることになった。98年第2四半期から第3四半期にかけて,対米証券投資は1,000億ドルの買い越しから22億ドルの売り越しに転じたが,その中でも財務省証券投資が279億ドルの買い越しから232億ドルの売り越しに,株式投資が136億ドルの買い越しから80億ドルの売り越しとなった（図表3－4）。このようなアメリカからの資金流出にもかかわらず,99年以降,対米投資と対外投資ともに回復することになる。

1999年から2000年にかけてのアメリカを起点とする第一の資金ルートは,単一通貨ユーロ導入を背景とした西ヨーロッパ向けのM&A関連の貸出であった。再び,90年代後半のアメリカの地域別の対外短期債権の動向を見てみると,99年から2000年にかけて,カリブ海金融センターとともに,イギリスとその他ヨーロッパ向けが急増している（前掲　図表3－1）。米商務省は西ヨーロッパ向けの債権増加について次のように述べている。

「アメリカの銀行の西ヨーロッパ向けの債権は,1998年の279億ドルの増加から1999年の652億ドルの増加となった。この資金需要の高まりは,特に1999年後半における大規模なM&A―この一部はEU統合の進展と関連するものであった―と多くの欧州各国での景気回復に起因するものであった」[11]。

そして,このM&A関連の資金供給はシンジケートローンを通じて行われ,

図表3－4　対米証券投資の動向（1997年第3四半期～1998年第4四半期）

（単位：100万ドル）

	対米証券投資		財務省証券		政府関連機関債		社債		株式	
	合計	西欧	合計	西欧	合計	西欧	合計	西欧	合計	西欧
97/Q3	110,063	92,498	42,977	50,129	15,269	4,637	24,496	18,180	27,321	19,552
Q4	60,669	59,308	23,693	33,223	10,154	1,061	16,072	8,481	10,750	16,543
98/Q1	89,460	76,008	10,522	23,157	21,969	8,154	26,941	16,978	30,028	27,719
Q2	99,957	65,893	27,913	6,802	17,542	9,675	40,902	28,014	13,600	21,402
Q3	▲2,219	31,990	▲23,208	▲9,845	5,764	9,115	23,245	20,315	▲8,020	12,405
Q4	90,593	48,126	33,812	3,683	11,527	15,889	30,842	21,912	14,412	6,642

（出所）米財務省国際資本報告システムウェブサイトより作成。

それは証券市場において永続的なファイナンシングが取り決められるまでの一時的な資金供給，つまりブリッジローンであったのである[12]。

シンジケートローンを通じたM&Aに伴うブリッジローンの多くは，第三世代携帯電話をめぐって競争を繰り広げていた遠距離通信会社に対するものであった。2000年第1四半期から第3四半期にかけて，遠距離通信会社に対する国際的シンジケートローンにおいて最大の資金供給者であったのがアメリカの銀行であり，全体の約四分の一を占めていた[13]。2000年第1四半期における主なインターバンク資金フロー（ネットベース）を見ると，ニューヨークを起点とする資金は，チューリッヒと東京を経由して，ロンドンにプールされることになり，最終的にユーロ域に流入している[14]（図表3-5）。すなわち，アメリカを起点とする資金は，直接的または間接的に，M&Aが活発化していたユーロ域に大規模に流入したのである。

アメリカを起点とする第二の資金ルートは，西ヨーロッパの対米株式・社債投資に伴うアメリカの銀行による「従属的な資金供給」であった[15]。米商務省は，2000年第1四半期におけるアメリカの銀行の債権増加について次のように述

図表3-5　2000年第1四半期における主要なインターバンク資金フロー

(単位：10億ドル)

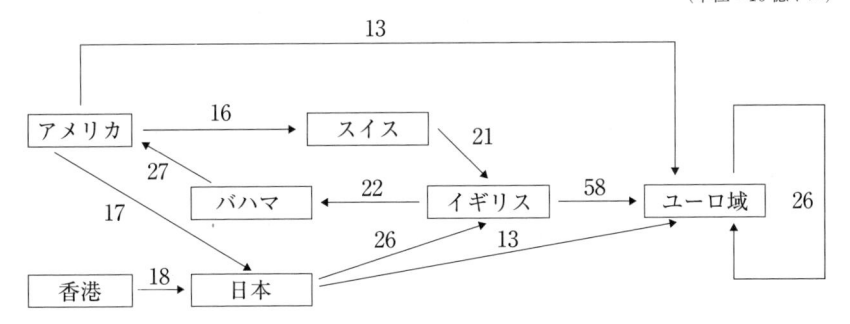

(注) 国または地域からの最大のネットの資金流出入のみを含む。例えば，アメリカからユーロ圏への130億ドルの資金フローは，アメリカの銀行がユーロ域の銀行に対して130億ドルの債権（負債を差し引いたもの）を増加させたことを意味する。
(出所) Gadanecz and Kleist [2000a], p.14 より作成。

べている。

「西ヨーロッパに対する銀行貸出は特に大きなものであった。この一部は，アメリカの株式と社債に対する投資を急増させていた西ヨーロッパの投資家の資金需要の高まりに応じたものであった」[16]。

そしてアメリカを起点とする第三の資金ルートは，アメリカと西ヨーロッパ間における株式交換方式のM&Aに伴う資本移動であった。アメリカとユーロ域との間のM&Aに伴う資金フローの動向を見ると，2000年，現金型方式はユーロ域からのアメリカへの投資のうち44.0％，アメリカからのユーロ域への投資のうち31.6％であり，残りが株式交換型方式であったようである（図表3－6）。西ヨーロッパ企業がアメリカ企業を株式交換型方式で買収する場合を考えてみよう。株式交換型方式のM&Aでは，買収企業が自社株式を被買収先企業の株式と交換することによって買収が行われる。この場合，現金型方式と同様，資本収支の直接投資に例えば100万ドルが計上され，「西ヨーロッパ→アメリカ」の資金の流れがもたらされる。同時に，アメリカの被買収企業

図表3－6　アメリカとユーロ域との間のM&Aに伴う資金フロー[1]

	ユーロ域→アメリカ			
	取引件数		取引規模	
	総数	現金型（％）	平均（100万ドル）	総額（10億ドル）
1999年	154	51.3	715	89.2
2000年	234	44.0	778	176.4
2001年	111	49.5	360	35.2
	アメリカ→ユーロ域			
	取引件数		取引規模	
	総数	現金型（％）	平均（100万ドル）	総額（10億ドル）
1999年	147	42.9	240	40
2000年	133	31.6	330	50.1
2001年	92	50.0	195	18.9

(注1) すべての完了・未完了の取引。2001年は1月から9月。
(原資料) Bloomberg.
(出所) Fender and Galati [2001], p.63より作成。

の株主が保有していた株式が，西ヨーロッパの買収企業の株式に置き換わる。このため，アメリカの被買収企業の株主は，キャッシュフローを伴うことなく，株式を取得する。ここでは，資本収支の株式投資に例えば100万ドルが計上され，「アメリカ→西ヨーロッパ」の資金の流れが生じたことになる[17]。このように，株式交換方式のM&Aの場合，キャッシュフローを伴うことなく，「西ヨーロッパ→アメリカ」と「アメリカ→西ヨーロッパ」の資金の流れが同時に生じる。2000年，対米証券投資3,170億ドルのうち，約2,000億ドルがM&Aに直接的に関連するもので，この多くが株式交換方式であった。他方，株式交換型方式を通じたアメリカの対外株式投資は1,240億ドルに上った[18]。

1999年から2000年にかけてのアメリカの能動性は，アメリカの金融機関による西ヨーロッパ向けの資金供給の拡大にあらわれている。第一の資金ルートが示すように，その資金はIT関連のM&Aに対して供給された。これは99年から2000年初頭にかけての西ヨーロッパにおけるIT関連の株価の急上昇に寄与した[19]。このアメリカを起点とする資金に支えられた西ヨーロッパでのIT関連の株価の急上昇は，第三のルートのように西ヨーロッパからのアメリカに対する株式交換型方式のM&Aの急増をもたらしたといえる。なぜなら，西ヨーロッパの買収企業の株式価格が上昇したからこそ，アメリカの被買収企業の株主は株式交換に応じたと考えられるためである。また，第二のルートが示すようにアメリカの金融機関は西ヨーロッパによる対米投資に対しても資金供給も行っていたのである。

4．むすび

本章では，アメリカの金融機関の対外資金供給に焦点を当てることによって，1990年代後半のアメリカを起点とする国際的な資金ルートについて見てきた。そこでは，次のことが明らかになった。

第一は，1995年から97年にかけて，アメリカの金融機関はミューチュアルファンドやヘッジファンドに対してレポ取引を通して対外短期資金供給を行っ

ていた。さらに，アメリカの金融機関の国際的活動は，このような対外短期資金供給にとどまらず，自己勘定でのヘッジファンド型業務にも及んでいた。

第二は，1999年から2000年にかけて，アメリカの金融機関は，西ヨーロッパ向けの資金供給を拡大させていた。その中でも，IT関連のM&Aに対する資金供給はアメリカと西ヨーロッパ間の株式交換型方式のM&Aに伴う相互的な資本移動を増大させた。また，アメリカの金融機関は，西ヨーロッパの対米投資に伴う「従属的な資金供給」も行っていた。

このように，1990年代後半，アメリカを起点とする資金はアメリカを中心とする国際資本移動において重要な役割を果たしていた。ここに国際資本移動におけるアメリカの能動性があらわれていたのである。

注)

1) 1990年代後半のアメリカを中心とする国際資本移動についての先駆的研究としては，山本［2002］，第2章，第4章，第6章があげられる。
2) Bach［1996］, p.63.
3) ヘッジファンドの拠点の多くはカリブ海金融センターにあった。Eichengreen, Mathieson, Sharma, Chadha, Kodres and Jansen［1998］によれば，ヘッジファンドの居住地別資産運用額を見ると，1997年，アメリカが29％，蘭領アンチル諸島が24％，ケイマン諸島が16％，英領バージン諸島が14％，バミューダ6％となっていた（邦訳，112〜113ページ）。
4) Brunner［1996］, p.392.
5) 数値は国際決済銀行ウェブサイト，Consolidated banking statisticsより。カリブ海金融センターにはバハマ，バミューダ，ケイマン諸島，英領西インド諸島，蘭領アンチル諸島，パナマが含まれる。なお，日本に次ぐ債権残高だったのがドイツ（18.2％），フランス（8.9％），アメリカ（7.6％）であった。
6) 山本［2002］，55ページ。山本はカリブ海金融センターの代表的市場であるケイマン諸島について分析を行っている。
7) The President's Working Group on Financial Markets［1999］によれば，「ドリームファンド」と呼ばれたヘッジファンドであるLTCM（ロングターム・キャピタル・マネージメント）のレバレッジは自己資本に対して25倍まで上昇していた。
8) 宮島［1999］，125〜126ページ。

9) 山本［2002］によれば，各国の外貨準備高を見ると，変動相場制を採用する先進諸国が1990年代以降顕著なドル離れを進展させている一方，「事実上のドルペッグ」政策を採用する東アジアを中心とするエマージング諸国はドル保有高を急増させていた（37～38ページ）。
10) Wincoop and Yi［2000］, pp.286-289.
11) Bach［2000］, p.168.
12) Bach［2001］, p.44.
13) Gadanecz and Kleist［2000b］, p.17. アメリカに次ぐのがイギリスとドイツの銀行であり，それぞれ全体の約10％を占めていた。
14) Gadanecz and Kleist［2000a］によれば，この時期における香港の債権減少の大部分は日本の銀行によるユーロ円インパクトローンの回収によるものであった（p.14）。
15) 伊豆［2001］，12ページ。
16) Weinberg［2000］, p.85.
17) 海野［2000］，49～51ページ。
18) Gagnon［2001］, pp.293-294.
19) IMF［2001］によれば，1999年から2000年初頭にかけて，アメリカと西ヨーロッパのIT部門の株価が非IT部門と比較して急上昇している（p.129）。

補論　アメリカの国際通貨国特権と
　　　　1990年代後半の米景気拡大

1．1990年代後半の景気拡大

　1991年3月から2001年3月にかけて，アメリカ経済は戦後最長の景気拡大期を享受した。特に90年代後半，国内投資が増加することによって景気拡大が実現した。設備投資は95年から2000年にかけての平均で8.3%という高い伸び率を記録した。この結果，実質GDP成長率は95年から2000年の平均で3.9%となった（図表3補-1）。このような景気拡大の下，対外面では巨額の経常収支赤字と大規模な外国資本流入が生じていた。90年代後半，このような巨額の経常収支赤字と大規模な外国資本流入がなぜ可能となったのであろうか。それは，アメリカの国際通貨国特権を抜きにしては考えられない。

　本補論では，アメリカの国際通貨国特権の視点から1990年代後半のアメリカの景気拡大の対外的条件について明らかにする。そこでは，巨額の経常収支赤字と大規模な外国資本流入が持つ90年代後半の景気拡大にとっての意味について考えていく。

2．経常収支赤字と外国資本流入をめぐって

　巨額の経常収支赤字と大規模な外国資本流入は，1980年代と90年代のアメリカ経済に共通する現象である。後述のようにこれら二つの現象は80年代から90年代前半にかけて，アメリカ経済にとっての「悪い」経済現象として捉えられたが，90年代後半はそうならなかった。本節では，米大統領経済諮問委員会（CEA）の年次報告に依りながら，80年代から90年代にかけての巨額の経常収支赤字と大規模な外国資本流入をめぐる通説的見解の変化について見

る。

　まずは，巨額の経常収支赤字についてである。1980年代から90年代前半にかけての経常収支赤字に関する見解は，次のようなものであった。第一は，経常収支赤字の増加は国内における失業増加をもたらしている。第二は，その経常収支赤字の増加の原因は貿易相手国の不公正な通商慣行や閉鎖的な市場にあることである。[2] 経常収支赤字はそれをファイナンスする外国資本流入を必要とするが，それは対外債務を増加させ，アメリカの対外ポジションを悪化させる。この結果が80年代後半におけるアメリカの世界最大の債務国転落であった。[3] このように，80年代から90年代前半にかけて，アメリカ経済にとって，巨額の経常収支赤字と大規模な外国資本流入は「悪い」経済現象であり，早急に解消されなければならない問題であった。

　1990年代後半も，アメリカの経常収支赤字は増加し続けている。95年，1,136億ドルであった経常収支赤字は，2000年は4,174億ドルに達した。しかし，経常収支赤字の増加にもかかわらず，上記の見解は大きく変化することになる。Council of Economic Advisers [1999] は次のように述べている。

　「1990年代において連邦財政赤字は最初減少し，それからなくなり，98年にはとうとう黒字に転じた。個人貯蓄率の低下にもかかわらず，国民貯蓄はその結果として増加した。そうだとしても，経常収支赤字は再び増加してきた。しかし，この赤字は良いものと見なせるのである。なぜなら，それは国内投資の速度がさらに強く増したことによって駆り立てられたからである。[4]」

　設備投資の伸び率は，1991年から94年の平均で4.3％であったが，前節で指摘したように，95年から2000年の平均で8.3％という高いものとなった。設備投資の中でも情報化投資（情報処理機器とソフトウェア）の伸び率は大きなものであり，95年から00年にかけての平均で12.0％に達した（前掲　図表3補-1）。80年代から90年代前半にかけての経常収支赤字が主に財政赤字の増加と国民貯蓄の減少を反映したものであったのに対して，90年代後半の赤字は主に国内投資の増加によるものであったのである。つまり，90年代後半，

補論　アメリカの国際通貨国特権と1990年代後半の米景気拡大　67

図表3補－1　アメリカの実質GDP成長の変化率（1995～2000年）

（単位：％）

	1995	1996	1997	1998	1999	2000	95-00年平均	参考：91-94年平均
実質GDP成長率	2.5	3.7	4.5	4.2	4.5	3.7	3.9	2.5
個人消費支出	2.7	3.4	3.8	5.0	5.1	4.7	4.1	2.6
耐久消費財	4.4	7.8	8.6	11.3	11.7	7.3	8.5	4.1
非耐久消費財	2.2	2.6	2.7	4.0	4.6	3.8	3.3	2.0
サービス	2.6	2.9	3.3	4.2	4.0	4.5	3.6	2.7
民間投資	3.1	8.9	12.4	9.8	7.8	5.7	8.0	5.6
設備投資	6.5	9.0	9.2	10.2	8.3	6.5	8.3	4.3
非住宅投資	10.5	9.3	12.1	11.1	9.2	8.7	10.2	3.9
非住宅固定投資	6.4	5.6	7.3	5.1	-0.4	6.8	5.1	-4.0
情報処理機器とソフトウェア	12.0	10.6	13.8	13.3	12.7	9.4	12.0	7.3
住宅投資	-3.2	8.0	1.9	7.6	6.0	0.8	3.5	5.5
輸出入								
輸出	10.1	8.4	11.9	2.4	4.3	8.7	7.6	6.4
輸入	8.0	8.7	13.6	11.6	11.5	13.1	11.1	6.8
財政収支	0.5	1.0	1.9	1.9	3.9	2.1	1.9	0.2

（注1）対前年比。
（出所）米商務省経済分析局ウェブサイトより作成。

経常収支赤字は情報化投資を中心とする国内投資の増加を反映する「良い」経済現象であると捉えられていた。

前述のように，経常収支赤字はそれをファイナンスする外国資本流入を必要とし，それは対外債務の増加を通じて，アメリカの対外ポジションを悪化させる。しかし，次の文章が示すように，1990年代後半，通説的見解は外国資本流入が長期にわたる景気拡大を支えている側面を重視するようになった。

「1993年以来米国が享受してきた投資ブームは雇用と産出の拡大に寄与してきたし，これから多年にわたり報酬を与えるであろう。しかしながら，それは国民貯蓄のみによってはファイナンスされえなかった。経常収支赤字が投資ブームに資金調達に必要とされる追加的資本流入を与えたのである。外国貸付がなかった場合には，米国金利はもっと高かったであろうし，投資は必然的に制約されたであろう。それゆえ，仮に90年代に米国が経常収支赤字を計上できなかったとしたら，資本蓄積と産出および雇用の成長はすべて，より小さなものであったろう。逆説的であるかもしれないが，巨額の経常収支赤字は，成長と雇用を妨げたのではなく，米国経済のより速い長期成長を可能にしたのである。」[5]

1990年代後半，大規模な外国資本流入は，国内投資の増加の不足分をファイナンスすることによって，長期にわたる景気拡大を可能にしたのである。したがって，大規模な外国資本流入は「良い」経済現象として捉えられることになったのである。[6]

本節では，米大統領経済諮問委員会の年次報告に依りながら，1980年代から90年代にかけての巨額の経常収支赤字と大規模な外国資本流入をめぐる通説的見解の変化について見てきた。80年代から90年代前半にかけて，巨額の経常収支赤字が主に財政赤字の増加と国民貯蓄の減少を反映したものであったのに対して，90年代後半の赤字は主に国内投資の増加によるものであった。つまり，90年代後半，巨額の経常収支赤字は「良い」経済現象なのである。そして経常収支赤字はそれをファイナンスする外国資本流入を必要とする。そ

れは対外ポジションを悪化させるものの，90年代後半，国内投資の増加の不足分をファイナンスすることによって，長期にわたる景気拡大を可能にする「良い」経済現象と考えられたのである。このように，通説的見解によれば，90年代後半，巨額の経常収支赤字と大規模な外国資本流入は，80年代から90年代前半にかけてのように「悪い」経済現象ではなく，「良い」経済現象として捉えられていたのである。

3．1990年代後半の景気拡大の対外的条件

　前節で見たように，通説的見解によれば，1990年代後半，巨額の経常収支赤字と大規模な外国資本流入は「良い」経済現象として捉えられていた。では，このような巨額の経常収支赤字と大規模な外国資本流入はなぜ可能となったのであろうか。それは，アメリカの国際通貨国特権を抜きでは考えられない。第2章で明らかにしたように，非国際通貨国の場合，自らが国際通貨を創出できない以上，国際収支赤字（経常収支赤字と対外投資）の拡大には自ずと限界がある。これに対して，国際通貨国特権の下，アメリカは国際収支赤字を拡大している。そして，国際収支赤字の結果としてアメリカから「流出」したドル資金は，ドルのグローバルな国際通貨としての圧倒的な地位を背景として，その保有者とその内容が様々に変化するものの，ドルからその他通貨に大規模に転換されることなく，様々なルートを通じてアメリカに外国資本流入となって「還流」する。こうして，アメリカは巨額の経常収支赤字と大規模な外国資本流入が可能となったのである。本節では，国際通貨国特権の下で可能となった巨額の経常収支赤字と大規模な外国資本流入が持つ90年代後半の景気拡大にとっての意味について検討する。

　第一は，巨額の経常収支赤字が1990年代後半の景気拡大にとって不可欠なIT製品の輸入を可能にすることによって，低インフレ下での景気拡大の一条件となっていたのである。アメリカのIT企業は，コスト削減のため，労働集約的製品である中間財や比較的低技術で生産できる完成品を海外で生産し，そ

れを資本財として輸入して知識集約的製品を国内で生産してきた[7]。この結果，アメリカはIT製品の最大の輸入国となっている。アメリカのIT製品の輸入の地域別シェアを見ると，99年，東アジアが49.4％，日本が18.9％，中南米が14.3％，EUが8.8％となっており，東アジアがアメリカに対する主要なIT製品の供給地域となっていることがわかる[8]。そして，90年代後半，東アジアから輸入されたIT製品は低い労働コストとドル高を反映して相対的に低価格であった。これは，低インフレ下での景気拡大に寄与することになった。

　第二は，大規模な外国資本流入が金融活況の下での景気拡大の一条件となっていたのである。1995年から97年にかけての外国資本流入の中心は，財務省証券投資であった（図表3補－2）。財務省証券投資を部門別に見ると，家計部門は94年の1,695億ドルの買い越しから95年に179億ドルの売り越しに転じ，その売り越し額が97年には1,431億ドルに増加していた。これに対して，非居住者は財務省証券投資を増加させており，その買い越し額は95年が1,605億ドル，96年が2,627億ドル，97年は1,237億ドルとなっていた[9]。家計部門による財務省証券の売り越しの増加は，通常，その価格の下落を通じて，金利を上昇させることによって，景気にマイナスの影響を及ぼすことになる。しかし，

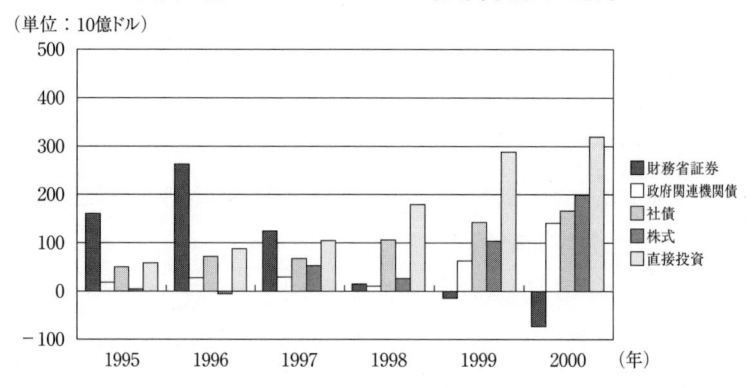

図表3補－2　アメリカへの外国資本流入の動向

（単位：10億ドル）

（凡例）財務省証券／政府関連機関債／社債／株式／直接投資

（出所）Board of Governors of the Federal Reserve System, *Flow of Funds Accounts of the United States*, various issues より作成。

非居住者の買い越しの増加によって,財務省証券は買い支えられ,低金利が維持されることになったのである[10]。つまり,95年から97年にかけての外国資本流入は財務省証券の価格を下支えするとともに,低金利とこれによる株価上昇に見られる金融活況の下での景気拡大に寄与したのである[11]。

1998年から2000年にかけて,外国資本は財務省証券から社債,株式,直接投資,政府関連機関債にシフトすることになった[12]。2000年,財務省証券が705億ドルの売り越しとなっているのに対して,直接投資は3,213億ドル,株式は1,997億ドル,社債は1,682億ドル,政府関連機関債は1,419億ドルに達している(前掲 図表3補－2)。このように民間部門を中心として外国資本が大規模に流入することになったが,これは株価上昇に見られる金融活況とその下での景気拡大をもたらすことになった。

このように,1990年代後半,巨額の経常収支赤字と大規模な外国資本流入は景気拡大にとっての不可欠の対外的条件となっていた。そして,この巨額の経常収支赤字と大規模な外国資本流入は,アメリカの国際通貨国特権の下で可能であった。つまり,90年代後半の景気拡大はアメリカの国際通貨国特権を抜きには考えられないものなのである。

注)
1) 個人消費支出も1990年代後半の景気拡大の牽引役であった。図表3補－1によれば,個人消費支出が95年から2000年にかけての平均で4.1%の伸び率を記録している。
2) 当時,アメリカの経常収支赤字の相手国・地域先として最大のシェアを占めていたのが日本であった。1989年から90年にかけての日米構造協議や93年の日米包括協議では,日本市場の不公正な通商慣行や閉鎖性が問題となり,そこでは日本市場の対外開放が強く求められた。Council of Economic Advisers [1994] は,日本市場の閉鎖性と企業内貿易パターンについて検討している(邦訳,188～192ページ)。
3) アメリカは再取得価格法では1986年に,市場価格法では89年に純債務国に転落した。
4) Council of Economic Advisers [1998] 邦訳,200ページ。

5) Council of Economic Advisers［1998］邦訳，201 ページ。2000 年代前半においても，外国資本流入が国内投資の増加をファイナンスする側面は重視されている。Council of Economic Advisers［2004］は次のように述べている。「外国投資が利用できることによって，米国は，国内金融だけに依存して資金調達できたときよりも，高い投資率を維持できたのである。こうした資本流入は，米国の投資をファイナンスし，生産能力を拡大し，経済パフォーマンスを強化するのに役立ってきたのである」（邦訳，221 ページ）。
6) 大規模な外国資本流入の要因としては，アメリカにおける魅力的な投資機会があげられる。そして，この魅力的な投資機会の背景にあったのがアメリカの相対的に高い経済成長率と生産性成長率である。Council of Economic Advisers［2006］は，1990 年代後半以降のアメリカへの大規模な外国資本流入の要因について検討している（邦訳，130～140 ページ）。
7) 2000 年の米国勢調査データによると，アメリカによる IT 財の輸入の三分の二（1,604 億ドル）および輸出の三分の一強（565 億ドル）が，関連会社間―すなわち米国親会社とその海外子会社，あるいは外国親会社とその米国子会社―の財の移動であった（U.S. Department of Commerce［2002］邦訳，138 ページ）。
8) 日本貿易振興会編［2000］，38～39 ページ。
9) 数値は Board of Governors of the Federal Reserve System, *Flow of Funds of Accounts of the United States*, various issues より。財務省証券投資の残高でも，家計部門のシェアが 1994 年の 25.1％から 97 年には 20.5％に低下したのに対して，非居住者のシェアは 94 年の 18.3％から 97 年には 30.9％まで上昇した。
10) 非居住者の財務省証券投資による低金利の維持については，すでに小方［1999］によって指摘されている。
11) 1990 年代後半の金融活況において，外国資本とともに，国内資金も大きな役割を果たした。長くなるが，国内資金の動向と金融活況について見ておこう。90 年代後半，ニューヨークダウとナスダックでの株価上昇によって，企業の資金調達は相対的に容易となった。しかし，現金型 M&A や自社株買いによる株式買戻しの増加を反映して，ネットの株式発行は一貫してマイナスになったことから，株式市場は企業ファイナンスの主なルートではなかった。企業ファイナンスの主なルートとなったのは債務増加であり，その中でも社債とコマーシャル・ペーパー（CP）が大きなものとなっていた（Council of Economic Advisers［2003］邦訳，44 ページ）。結論を先取りすれば，この債務増加によって調達した資金でもって，企業は現金型 M&A や自社株買いを活発化し，これは株式供給を制限することによって株価上昇に寄与することになったのである。

　次に社債と CP を通じた資金ルートについて詳しく見てみる（以下の数値は，Board of Governors of the Federal Reserve System, *Flow of Funds of Accounts of the United States*, various issues より）。社債の購入額（ネット）は 1995 年か

ら 2000 年にかけての平均で 3,940 億ドルであり,そのうち国内資金によるものが 2,924 億ドルであった。この国内資金のうち,生命保険会社が 24.6%,ミューチュアル・ファンドが 10.8% であり,これらの機関投資家で国内資金の約 4 割を占めていた。そして,これらの機関投資家に資金を供給した主な部門が家計部門であった。家計部門の資産(ネット)を見ると,財務省証券と株式の売り越し幅の拡大を反映して,総額が 95 年の 4,546 億ドルから 2000 年の 3,073 億ドルに減少する一方で,ミューチュアル・ファンドに対する資金供給は 95 年の 755 億ドルから 2000 年の 1,691 億ドルに増加した。つまり,家計部門の資金が機関投資家を経由して社債市場に流入することになったのである。これに対して,CP が多くを占めるオープン・マーケット・ペーパーの購入額(ネット)は 95 年から 2000 年にかけての平均で 1,659 億ドルであり,そのうち国内資金が 1,514 億ドルであった。この国内資金のうち,マネー・マーケット・ミューチュアル・ファンド(MMMF)が 42.3% を占め,オープン・マーケット・ペーパーの最大の購入体となっていた。この MMMF を通じてオープン・マーケット・ペーパー市場に資金を供給したのも主に家計部門であった。再び家計部門の資産(ネット)を見ると,MMMF に対する資金供給は 95 年の 977 億ドルから 2000 年の 1,458 億ドルに増加していた。

　以上を整理すれば,1990 年代後半の国内資金の動向と金融活況は,「家計部門の資金→機関投資家→社債・CP に対する投資の増加→企業の債務増加→現金型 M&A・自社株買いの増加→株式供給の制限→株価上昇」というプロセスによって説明される。なお,90 年代後半におけるアメリカの株価上昇のメカニズムについては松田 [2000] が詳しい。

12) これは米財政収支の黒字化によって,1998 年以降,非居住者が財務省証券からその他の証券に投資を振り変える必要に迫られたことが背景にある。

第4章 2000年代前半の国際資本移動におけるアメリカの能動性

1．はじめに

　第3章では，1990年代後半，アメリカを起点とする資金がアメリカを中心とする国際資本移動において重要な役割を果たしており，ここに国際資本移動におけるアメリカの能動性があらわれていたことが明らかになった。

　本章では，第3章と同様，アメリカの金融機関の対外資金供給に焦点を当て，アメリカを起点とする国際的な資金ルートについて見ていくことによって，2000年代前半の国際資本移動におけるアメリカの能動性を実証的に明らかにする。

2．カリブ海金融センターに対する資金供給の拡大

　2000年代前半のアメリカを起点とする第一の資金ルートは，レポ取引を通じたカリブ海金融センターのヘッジファンドに対する短期資金供給である[1]。2000年代前半におけるアメリカの金融機関の地域別対外短期債権の動向を見ると，カリブ海金融センター向けが特に大きなものとなっている（図表4－1）。米商務省は次のように述べている。

　「アメリカの銀行と証券ブローカーの債権は，2003年の1,040億ドルの増加から2004年には3,538億ドルの増加となった。……2004年におけるこの債権急増の大部分は，証券市場の状況とカリブ海金融センターのヘッジファンドとのレポ取引の増加が関係している」[2]。

　そして，BISは，カリブ海金融センターの代表的市場であるケイマン諸島に対するBIS報告銀行による貸出の一部が，そこに拠点を置くヘッジファンド

のレバレッジの拡大を反映したものであったことを指摘している。

「2003年以降，BIS報告銀行のケイマン諸島のノンバンクに対する貸出が増加した。同時に，2003年後半以降，ケイマン諸島のヘッジファンドのレバレッジの程度（様々なリスク要因に対するヘッジファンドの収益の感応度の指標でもある）は急拡大し始めたと見られる。これによって，ケイマン諸島におけるヘッジファンドの推定されるレバレッジ後の運用資産（AUM）が増加してきた。そして，この運用資産総額の増加はBIS報告銀行のケイマン諸島のノンバンクに対する貸出債権の増加とほとんど一致していた」[3]。

このように，カリブ海金融センターのヘッジファンドはアメリカをはじめとする先進諸国の金融機関からの短期資金供給に依存しながら，レバレッジを効かせ，運用資産を増加させていたのである[4]。

ヘッジファンドが投資対象とする市場の一つとして，近年市場規模が急拡大

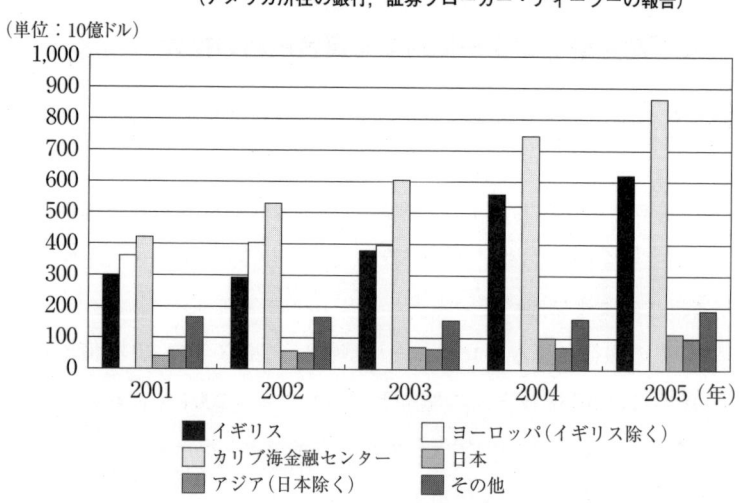

図表4－1　アメリカの地域別対外短期債権（2001～2006年）
（アメリカ所在の銀行，証券ブローカー・ディーラーの報告）

（単位：10億ドル）

凡例：
- イギリス
- ヨーロッパ（イギリス除く）
- カリブ海金融センター
- 日本
- アジア（日本除く）
- その他

（注）カリブ海金融センターはバハマ，バミューダ，英領西インド諸島，蘭領アンチル諸島，パナマを含む。
（出所）米財務省国際資本報告システムウェブサイトより作成。

しているクレジット市場があげられる[5]。ヘッジファンドは銀行と投資銀行からの短期資金借入れによってレバレッジを効かせ，運用資産を増加させる一方，それでもってクレジット市場において証券化商品であるCDO（債務担保証券）のエクイティを初めとしてハイリスクの投資を行っているようである（図表4－2）。次にクレジット市場におけるヘッジファンドの投資戦略の例として，シンセティックCDOについて見てみる（図表4－3）。ここでは，SPC（特別目的会社）が参照ポートフォリオである債券やローンを裏付けに，トランチングという仕組みの下，異なる格付からなる新しい債券が作り上げられている。このトランチングにおいて，上中位のトランシュが固定利付債券であるのに対して，最下位のエクイティは原資産の利回りや欠損状況に応じた投資利回りの商品となっている。このように参照ポートフォリオのリスク・リターンが凝縮されていることをレバレッジ効果と呼ぶ。つまり，支払順位が低ければ低いほどレバレッジ効果は高くなるのである[6]。この取引例では，ヘッジファンドは二つのレバレッジに関わっている。第一は，ヘッジファンドが銀行と投資銀行からの短期資金借入によって，レバレッジを効かせ運用資産を増加させていることである。第二は，ヘッジファンドはその運用資産でもって，参照ポートフォリオのリスク・リターンが凝縮したレバレッジ効果の高いエクイティに投資を

図表4－2　クレジット市場におけるヘッジファンドの参加

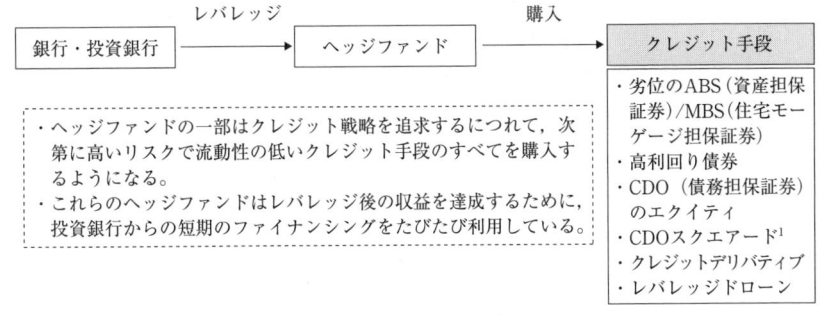

銀行・投資銀行	→ レバレッジ →	ヘッジファンド	→ 購入 →	クレジット手段

クレジット手段:
・劣位のABS（資産担保証券）/MBS（住宅モーゲージ担保証券）
・高利回り債券
・CDO（債務担保証券）のエクイティ
・CDOスクエアード[注1]
・クレジットデリバティブ
・レバレッジドローン

・ヘッジファンドの一部はクレジット戦略を追求するにつれて，次第に高いリスクで流動性の低いクレジット手段のすべてを購入するようになる。
・これらのヘッジファンドはレバレッジ後の収益を達成するために，投資銀行からの短期のファイナンシングをたびたび利用している。

（注1）CDOを担保としたCDO。
（出所）Fitch Ratings [2005], p.1に一部加筆・修正して作成。

図表 4 − 3　ヘッジファンドによるクレジットデリバティブ（シンセティックCDO）投資

典型的なCDOのトランチング[2]

タイプ	額面（単位：100万ドル）	格付
スーパーシニア	70	AAA（最上格）
シニア	20	AA（次格）
メザニン	7	BBB
エクイティ[3]	3	無格付

低←支払順位→高
高←予定利回り→低

参照ポートフォリオ
個別の債券／ローン
想定元本：1億ドル
平均格付：BBB

短期資金借入れを通じたレバレッジ[1]
銀行・投資銀行 → ヘッジファンド → 購入
SPC（特別目的会社）
証券化
保有　利子
担保資産（国債）

（注1）ヘッジファンドは，銀行や投資銀行からの短期資金借入れによってレバレッジを効かせ運用資産を増加させる。
（注2）トランチングとは，参照ポートフォリオを裏付けとして発行する債券を複数のトランシェに分け，支払順位に優劣をつけることによって異なる格付の商品を作る仕組みである。各トランシェは最上格（AAA）をスーパーシニア，次格（AA）をシニア，BBB格をメザニン，最下の無格付部分をエクイティと呼ぶことが多い。この仕組みにおいて，元利払いは契約が定める支払い順位（ウォーターフォール）にしたがって行われ，最上位のスーパーシニアの投資家が最も高い優先権を持ち，最下位のエクイティの投資家が最も低い優先権を持つ。逆に，予定利回りは最下位のエクイティの投資家が最も高く，最上位のスーパーシニアは最も低いものとなる。
（注3）最下位のエクイティは参照ポートフォリオの利回りや欠損状況に応じた投資利回りの商品となっている。このように参照ポートフォリオのリスク・リターンが凝縮されていることをレバレッジ効果と呼ぶ。
（出所）Fitch Ratings［2005］, p.1；IMF［2006a］, pp. 54-55；The Joint Forum［2005］, pp. 44-61；島・河合［2002］, 第7章；北原［2004］, 45〜47ページを参考にして作成。本図表の作成に関しては北原徹氏（立教大学）より数多くのご教示を頂いた。

行っていることである。

　以上で見たように，カリブ海金融センターのヘッジファンドは，レバレッジを効かせ運用資産を増加させる一方，クレジット市場においてリスク・リターンの高い投資を行っていた。そして，アメリカの金融機関はヘッジファンドに対してレポ取引を通じて短期資金供給を行うことによって，そのレバレッジの拡大を支えたのである。

3．M&A関連のシンジケートローンに伴う資金供給の拡大

　2000年代前半のアメリカを起点とする第二の資金ルートは，M&A関連のシンジケートローンに伴う短期資金供給である。2001年のITバブル崩壊後，停滞していた世界的なM&Aは，2004年以降活発化している。この世界的な

M&Aの高まりを反映して，アメリカの金融機関もM&A関連の国際的シンジケートローンを増加させている。米商務省は次のように述べている。

「2005年第2四半期，アメリカの銀行自身のドル建て債権が1,692億ドル増加した。これは611億ドルの減少となった2005年第1四半期とは対照的である。アメリカの銀行による対外資金供給の一部は，国際的シンジケートローン市場の拡大，銀行の本支店勘定取引の増加，そして外国人による大規模な対米証券投資をファイナンスするためのアメリカの銀行貸出を反映したものであった[7]」。

2006年に入っても，世界的なM&Aは拡大している。2006年，世界のM&Aの金額が約3兆8,000億ドルと前年比37.9％の増加となり，その規模はITブーム期のピークであった2000年を超えた[8]。米商務省は2006年もアメリカの金融機関がM&A関連の国際的シンジケートローンを増加させていることを指摘している。

「2006年，アメリカの銀行とブローカーの債権は，2005年の2,130億ドルの増加から2006年には4,824億ドルの増加となった。この債権増加の大部分はアメリカの銀行と外国銀行との間のインターバンク取引の結果であった。そして，そのインターバンク取引の多くは海外におけるM&Aの拡大と関連しており，シンジケートローンも含むものであったようである[9]」。

国際的シンジケートローンの増加の要因としては，レバレッジド・バイアウト（LBO）に伴う融資の急増があげられる[10]。LBOは買収資金を自己資金だけでなく，買収先の資産およびキャッシュフローを担保にした借入で調達し，買収を行う手法である。このLBOのかなりの部分を主導してきたのがプライベート・エクイティ（PE）ファンドである[11]。LBOに伴うファイナンスは，一般的にハイリスク・ハイリターンで，金額も大きく，一つの金融機関では引き受けられないことから，国際的シンジケートローンで行われる[12]。つまり，プライベート・エクイティファンドは，国際的シンジケートローン市場からの短期資金借入に依存しながら，レバレッジを効かせることによって，世界のM&Aブームを主導してきたのである。そしてアメリカの金融機関は，M&A関連の国際的シ

ンジケートローンを増加させることによって，プライベート・エクイティファンドのレバレッジの拡大を支えたのである。

4．「世界の金融コングロマリット」としてのアメリカ

　第2節と第3節で見たように，アメリカの金融機関はレポ取引や国際的シンジケートローンを通してヘッジファンドやプライベート・エクイティファンドに対して短期資金供給を行っていた。しかし，2000年代前半のアメリカを起点とする資金ルートはこのような短期資金供給にとどまらない。それは自己勘定で積極的にポジションをとる国際的なトレーディング業務とヘッジファンド型業務に伴う対外資金供給である。これが2000年代前半のアメリカを起点とする第三の資金ルートである。本節は，2000年代前半のアメリカの大手商業銀行の国際業務について見ていく。

　1980年代後半以降，アメリカの大手商業銀行は伝統的銀行業務のウェイトを低下させる一方，証券・投資銀行業務のウェイトを高めてきた。アメリカの大手商業銀行（上位10行）の総資産の構成の推移を見ると，86年から97年に

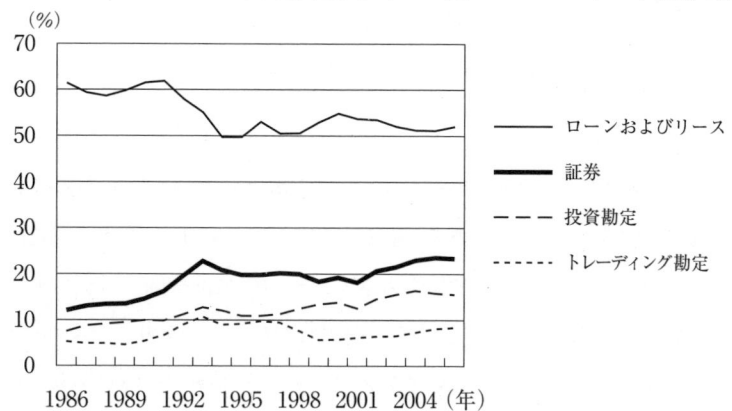

図表4－4　アメリカの大手商業銀行（上位10行）のバランスシート構成の動向

（出所）English and Nelson [1998], pp.412-413；Carlson and Weinbach [2007], pp.A63-64 より抜粋して作成。

かけて，ローン及びリースのシェアが61.5%から50.9%に低下する一方，証券（投資勘定とトレーディング勘定などを含む）のシェアは11.7%から20%に上昇した。90年代末から2000年代初頭にかけて，証券のシェアが若干減少したものの，2002年以降は増加傾向に転じている。2005年，ローン及びリースのシェアが51.4%であるのに対して，証券のシェアは23.4%に達しており，そのうち投資勘定が15.6%，トレーディング勘定が7.8%となっている[13]（図表4－4）。

　高田［1999］によれば，アメリカの大手商業銀行は証券・投資銀行業務への積極的な参入とともに，証券・投資，その他を対象とする自己勘定での取引であるトレーディング業務を拡大していた。そして，高田はアメリカの大手商業銀行がトレーディング資産の大部分を国外勘定で保有しており，そのトレーディング業務がすぐれて国際的な業務であったことを明らかにした。アメリカの三大マネーセンターバンク（JPモルガン・チェース銀行，シティバンク，バンク・オブ・アメリカ）のトレーディング資産の構成を見ると，2005年末，三大マネーセンターバンクの総資産に占めるトレーディング取引のシェアは14.3%にとどまっている。しかし，三大マネーセンターバンクのトレーディング資産に占める国外勘定のトレーディング資産のシェアを見ると，2005年末に62.3%となっている。その中でもJPモルガン・チェース銀行とシティバンクのシェアは高いものとなっており，それぞれ85.5%と50.1%となっている（図表4－5）。このように2000年代前半も，アメリカの大手商業銀行はトレーディング資産の大部分を国外勘定で保有しており，国際的なトレーディング業務を拡大している[14]。

　さらに，従来はヘッジファンド型業務に積極的でなかったJPモルガン・チェースやシティグループもヘッジファンドの収益性の高さに注目し，グループ内でヘッジファンド型業務を拡大している[15]。また，アメリカの大手商業銀行は大手ヘッジファンドの買収によっても，ヘッジファンド的業務を拡大している[16]。

　2000年代前半，アメリカの大手商業銀行は，伝統的銀行業務のウェイトを低下させる一方，証券・投資銀行業務のウェイトを高めていた。その中でも注

図表4－5　アメリカの三大マネーセンターバンクのトレーディング資産

(単位：100万ドル,％)

	JPモルガン・チェース銀行		シティバンク		バンク・オブ・アメリカ		三大マネーセンターバンク	
	2004年12月	2005年12月	2004年12月	2005年12月	2004年12月	2005年12月	2004年12月	2005年12月
国外営業所保有トレーディング資産 (A)	134,279	157,030	23,198	19,991	8,623	14,632	166,100	191,653
デリバティブ契約再評価益								
国内	12,681	14,044	17,043	14,933	20,958	21,052	50,682	50,029
海外 (B)	51,057	32,533	32,092	23,592	3,551	1,476	86,700	57,601
総資産 (C)	967,365	1,013,985	694,529	706,497	771,594	1,082,250	2,433,488	2,802,732
トレーディング資産合計 (D)	236,768	221,837	97,697	86,966	74,530	91,479	408,995	400,282
(D) / (C)	24.5%	21.9%	14.1%	12.3%	9.7%	8.5%	16.8%	14.3%
国外営業所保有トレーディング資産 (E) = (A) + (B)	185,336	189,563	55,290	43,583	12,174	16,108	252,800	249,254
(E) / (D)	78.3%	85.5%	56.6%	50.1%	16.3%	17.6%	61.8%	62.3%

(出所) 米連邦預金保険公社ウェブサイト，Call Reports and Thrift Financial Reports より作成。本図表の作成に関しては高田 [1999]，35ページを参考にした。

目されるのが国際的なトレーディング業務とヘッジファンド型業務の拡大であった。これはアメリカを起点とする資金がリスク指向を強めていることであり，国際資本移動におけるアメリカの能動性はさらに高まっている。また，国際的なトレーディング業務とヘッジファンド型業務の拡大は，アメリカの大手商業銀行が，従来の銀行，証券などといった業務の垣根を越えて他分野に積極的に進出しており，広範囲の金融サービスをグローバルに提供するようになっていることを意味する。これは，2000年代前半，国際資本移動においてアメリカが「世界の金融コングロマリット」として機能するようになっていることを示すものである。[17]

5．むすび

　本章では，アメリカの金融機関の対外資金供給に焦点を当てることによって，

2000年代前半のアメリカを起点とする国際的な資金ルートについて見てきた。そこでは，次のことが明らかになった。

　第一は，アメリカの金融機関はレポ取引やシンジケートローンを通じて対外短期資金供給を行っていることである。この対外短期資金供給は，ヘッジファンドとプライベート・エクイティファンドのレバレッジの拡大を支えることになった。

　第二は，アメリカの大手商業銀行は，特に国際的なトレーディング業務とヘッジファンド型業務の拡大を通じて，広範囲の金融サービスをグローバルに提供するようになっていることである。これは，2000年代前半，国際資本移動におけるアメリカの役割がより能動的なものになっているとともに，「世界の金融コングロマリット」に変容していることを示すものである。

　第2章から第4章にかけて，本書の第一の研究課題として，国際通貨国特権の視点から国際資本移動におけるアメリカの役割についての分析を行ってきた。通説的見解である国際金融仲介機能は，国際資本移動における国際通貨国アメリカの役割を「経常収支赤字以上の外資の余剰分を再投資する」という受動的なものと捉えた。第2章は，その役割が受動的なものではなく，国際資本移動の起点という意味で能動的なものであることを理論的に明らかにした。第3章と第4章では，1990年代後半と2000年代前半の国際資本移動におけるアメリカの能動性についての実証的分析を行った。90年代後半，アメリカを起点とする資金がアメリカを中心とする国際資本移動において重要な役割を果たしており，ここに国際資本移動におけるアメリカの能動性があらわれていた。そして，2000年代前半，アメリカの大手商業銀行は，特に国際的なトレーディング業務とヘッジファンド型業務の拡大を通して，従来の銀行，証券などといった業務の垣根を越えて他分野に進出し，広範囲の金融サービスをグローバルに提供するようになっている。このことは二つの意味を持っていた。第一は，アメリカを起点とする資金のリスク指向が強まり，国際資本移動におけるアメリカの能動性はさらに高まっていることである。第二は，国際資本移動における

アメリカの役割が「世界の金融コングロマリット」に変容していることである。

注)

1) 日本銀行信用機構局・金融市場局［2005］によれば，ヘッジファンドの投資資金が蓄積されるビークルの所在地を見ると，2005年3月，ケイマン諸島33％，アメリカ31％，英領ヴァージン諸島11％，バミューダ諸島8％，ルクセンブルク3％，バハマ3％，アイルランド3％，その他8％となっている。また，ヘッジファンドから委託を受け，運用を指揮する投資マネージャーの所在地は，2005年3月，アメリカ52％，イギリス19％，バミューダ諸島6％，フランス3％，香港1％，オーストラリア1％，シンガポール1％，日本0.4％，その他17％となっている（5～6ページ）。
2) Bach［2005］，p.40.
3) McGuire and Tarashev［2005］，pp.18-19. ここで取り上げるBIS報告銀行によるケイマン諸島のノンバンクに対する貸出には日本の銀行は含まれない。
4) カリブ海金融センターにはドル資金とともに，円資金も大規模に流入した。McGuire and Tarashev［2006］によれば，2004年半ば以降，邦銀の円建て債権が増加しており，その大部分はイギリスとシンガポールの銀行，そしてケイマン諸島のノンバンクに対するものであった（p.12）。
5) Fitch Ratings［2005］［2007］によれば，2004年にヘッジファンドはクレジット・デリバティブ市場の取引量の25～30％を管理していたが，そのシェアは2006年には約6割まで高まっている。このようにヘッジファンドはクレジット市場において重要な市場参加者として活動している。
6) シンセティックCDOの説明については，島・河合［2002］，178～183ページを参考にした。
7) Pierce and Argersinger［2005］，p.85.
8) Thomson Financial［2006a］，p.1. Thomson Financial［2007］によれば，2007年，世界のM&Aの金額は約4兆5,000億ドルと前年比で約24％増加となった。しかし，同年夏以降，世界のM&Aの動きは減速している（p.1）。
9) Bach［2007］，pp.38-39.
10) Thomson Financial［2006b］によれば，2006年，LBOを含めた買収に伴うファイナンスが国際的シンジケートローン全体の24.3％を占めていた（p.1）。
11) みずほ総合研究所［2007］，149ページ。
12) 伊豆［2007］，78ページ。
13) 1970年代以降のアメリカの商業銀行の業務の変容については，大橋［2007］が詳しい。
14) Bernadette, Stulz and Williamson［2005］によれば，アメリカのマネーセン

ターバンクのトレーディング業務はクレジット・デリバティブ業務を含むものであった。2002年，JPモルガン・チェースとシティグループはクレジット・デリバティブ業務でかなりの収益をあげた (pp.10-11)。また，Carlson and Weinbach [2007] によると，2006年，アメリカの大手商業銀行はトレーディング取引，投資銀行業務，そして証券化に関連する収益を急増させた (pp.A49-50)。

15) 松川 [2004]，43ページ。
16) 例えば，JPモルガン・チェースは，2004年9月，有力ヘッジファンドであるハイブリッジ・キャピタル・マネージメントの株式の大量取得を発表した。
17) 1990年代以降，アメリカの対外負債が従来と同様，銀行借入，貿易信用，債務である一方，対外資産は長期の銀行貸出からハイリスクな直接投資や株式投資にシフトしている。Gourinchas and Rey [2005] は，この90年代以降のアメリカの対外資産負債の構成の変化でもって，アメリカの機能は「世界の銀行」から「世界のベンチャーキャピタリスト」に変容していると捉えた。また，水野 [2006] は国際資本移動におけるアメリカの役割を「世界の投資銀行」として捉えている。

補論　アメリカの国際通貨国特権と
　　　　2000年代前半の米景気拡大

1．2000年代前半の景気拡大

　アメリカ経済は，2001年3月に景気後退期に入り，戦後最長の景気拡大期が幕を下ろした。2001年，設備投資の伸び率が－3.0％となる一方，90年代後半の国内投資の増加の中心であった情報化投資も－4.9％の伸び率となった。この結果，アメリカの実質GDP成長率の伸び率は鈍化し，2001年には0.8％にとどまった（図表4補－1）。しかし，アメリカの景気は2001年11月に谷を脱し，景気後退期は短期間に終わり，その後は景気拡大期に入った。再び実質GDP成長率を見ると，2001年と2002年は平均で1.2％の伸び率にとどまったものの，2003年から2006年にかけては平均で3.0％という高い伸び率となった（図表4補－1）。このような景気拡大の下，90年代後半と同様，2000年代前半も，対外面では巨額の経常収支赤字と大規模な外国資本流入が生じている。

　本補論では，第3章補論と同様，アメリカの国際通貨国特権の視点から2000年代前半のアメリカの景気拡大の対外的条件について明らかにする。そこでは，景気拡大の対外面の中でも，大規模な外国資本流入に焦点を当てていく。

2．2000年代前半の景気拡大の対外的条件

　2000年代初頭の景気後退とともに，外国資本流入の動向にも変化が現れることになった。直接投資と株式投資は2000年をピークにして減少傾向に転じ，2001年と2002年には急減している。このような直接投資と株式投資の急減によって，外国資本全体の流入額が減少傾向にあるものの，社債と政府関連機関

図表4補-1 アメリカの実質GDP成長率[1] (2001～2006年)

(単位：%)

	2001	2002	2003	2004	2005	2006	01-02年平均	03-06年平均
実質GDP成長率	0.8	1.6	2.5	3.6	3.1	2.9	1.2	3.0
個人消費支出	2.5	2.7	2.8	3.6	3.2	3.1	2.6	3.2
耐久消費財	4.3	7.1	5.8	6.3	4.9	3.8	5.7	5.2
非耐久消費財	2.0	2.5	3.2	3.5	3.6	3.6	2.3	3.5
サービス	2.4	1.9	1.9	3.2	2.7	2.7	2.2	2.6
民間投資	-7.9	-2.6	3.6	9.7	5.6	2.7	-5.3	5.4
設備投資	-3.0	-5.2	3.4	7.3	6.9	2.4	-4.1	5.0
非住宅投資	-4.2	-9.2	1.0	5.8	7.1	6.6	-6.7	5.1
非住宅固定投資	-2.3	-17.1	-4.1	1.3	0.5	8.4	-9.7	1.5
情報処理機器とソフトウェア	-4.9	-6.2	2.8	7.4	9.6	5.9	-5.6	6.4
住宅投資	0.4	4.8	8.4	10.0	6.6	-4.6	2.6	5.1
輸出入								
輸出	-5.4	-2.3	1.3	9.7	6.9	8.4	-3.9	6.6
輸入	-2.7	3.4	4.1	11.3	5.9	5.9	0.4	6.8
財政収支	3.4	4.4	2.5	1.4	0.7	1.8	3.9	1.6

(注1) 対前年比。
(出所) 米商務省経済分析局ウェブサイトより作成。

債に対する投資は高水準を維持している（図表4補−2）。その中でも，政府関連機関投資の背景には，ファニーメイ（連邦抵当金庫）やフレディーマック（連邦住宅貸付抵当公社）による起債の活発化があった[1]。ファニーメイやフレディーマックといったGSE（政府支援機関）は，住宅ローンの直接的な貸手ではないが，MBS（住宅モーゲージ担保証券）の発行などを通じて，住宅金融市場の資金供給の増加に寄与している[2]。政府関連機関債投資を部門別に見ると，2002年，購入額（ネット）5,472億ドルのうち非居住者は1,271億ドルで，それは最大の購入体であった商業銀行の1,405億ドルに次ぐ規模であった[3]。このように，外国資本は政府関連機関債投資を通じて住宅金融市場に間接的に流入したのである。この外国資本流入に支えられた住宅金融市場における資金供給の増加を一つの背景として，アメリカの住宅価格は上昇した。そして，住宅価格の上昇による住宅資産の増加はその担保価値の増加等を通じて，個人消費支出を増加させることになった。住宅資産の増加分からホーム・エクイティ・ローンやキャッシュアウト・リファイナンス等によって資金を引き出すことをモーゲージ・エクイティ・ウィズドローアル（MEW）と呼ぶが，その推移と使途を見ると，2001年と2002年，ホーム・エクイティ・ローンとキャッシュアウト・リファ

図表4補−2　アメリカへの外国資本流入の動向（2001〜2006年）

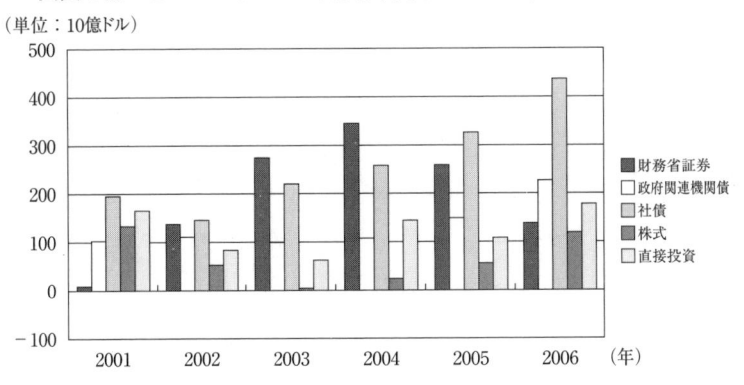

（単位：10億ドル）

凡例：■ 財務省証券　□ 政府関連機関債　□ 社債　■ 株式　□ 直接投資

（出所）Board of Governors of the Federal Reserve System, *Flow of Funds Accounts of the United States*, various issues より作成。

イナンスが増加しており，その一部が消費に向けられていたことがわかる（図表4補−3）。この結果，設備投資の伸び率が2001年と2002年に平均で−4.1％になったのに対して，個人消費支出は同期間の平均で2.6％となった（前掲図表4補−1）。

2003年以降は，財務省証券投資と社債投資が急増することによって，外国資本全体の流入額は増加傾向に転じている。特に社債投資が急増しており，2005年は3,285億ドルで最大の資金流入ルートとなっている。そして2006年

図表4補−3　モーゲージ・エクイティ・ウィズドローアルの推移とその使途

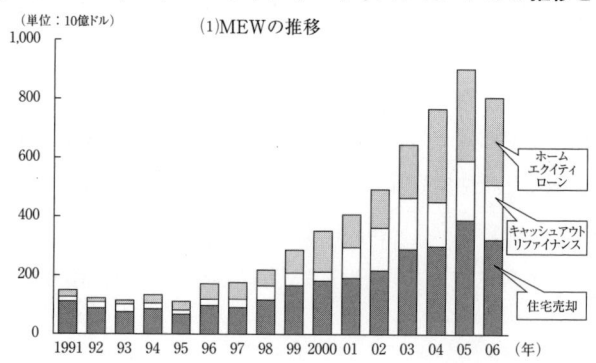

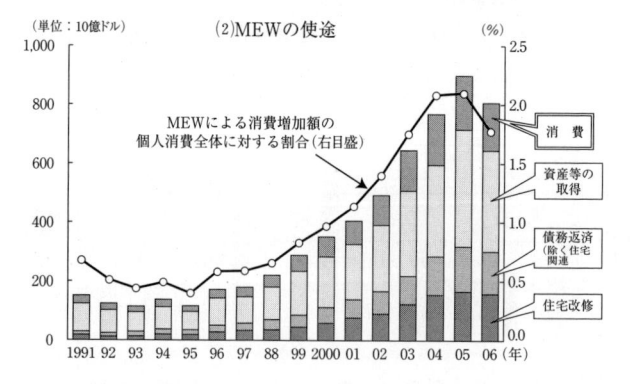

(1) MEWの推移

(2) MEWの使途

（注1）住宅売却については住宅資産売却により得た資金から住宅資産購入充当分を差し引いた額。
（注2）06年については7〜9月期までの四半期データを基に年率化した。
（原資料）Greenspan and Kennedy ［2007］．
（出所）内閣府政策統括官室 ［2007］，第1−2−17図に一部加筆して作成。

図表4補-4　アメリカの民間ABS[1]における非居住者の保有残高の動向[2]

(各年6月末)

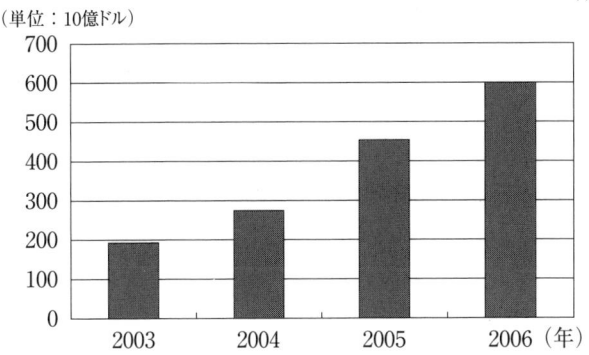

(単位：10億ドル)

(注1) 様々な資産 (自動車ローン，クレジットカード債権，住宅・商業モーゲージ債権，学生ローン債権など) を担保にしたものを含む。
(注2) 各年6月末の保有残高。
(出所) Department of the Treasury; Federal Reserve Bank of New York; Board of Governors of the Federal Reserve System, *Report on Foreign Portfolio Holdings of U.S. Securities*, various issues より作成。

に入っても，社債投資は増加しており，4,389億ドルに達している (前掲　図表4補-2)。社債を発行体別に見ると，2006年，総発行額 (ネット) 1兆1,593億ドルのうちABS (資産担保証券) 発行体が6,093億ドルであり，最大のシェアを占めていた。他方，2003年以降，非居住者が民間ABSに対する投資を増加させていた。アメリカの民間ABSにおける非居住者の保有残高は，2003年6月末の191.0億ドルから2006年6月末には5,942億ドルに急増した (図表4補-4)。この非居住者による民間ABSの保有残高のうち，住宅ローンを担保とするMBSが3,409億ドル，住宅ローン債権以外の資産を担保とするABSが2,533億ドルであった[4]。このように2003年から2006年にかけて，外国資本が社債投資を通じて住宅金融市場に間接的に流入しており，この外国資本流入に支えられた住宅金融市場における資金供給の増加を一つの背景として，アメリカの住宅価格は上昇し続けた[5]。再びモーゲージ・エクイティ・ウィズドローアルの推移と使途を見ると，2003年以降，ホーム・エクイティ・ローンやキャ

ッシュアウト・リファイナンスがさらに増加し，その一部が消費に向けられている。2004年と2005年には，モーゲージ・エクイティ・ウィズドローアルによる消費増加額の個人消費支出全体に対する割合は2％を超えることになった（前掲　図表4補－3）。つまり，2003年から2006年にかけても，住宅価格の上昇による住宅資産の増加は個人消費支出を増加させることになったのである。この結果，個人消費支出は2003年から2006年にかけての平均で3.2％という高い伸び率となった。[6]（前掲　図表4補－1）。

以上で見たように，2000年代前半，大規模な外国資本流入は景気拡大にとっての不可欠の対外的条件となっていた。そして，この大規模な外国資本流入はアメリカの国際通貨国特権の下で可能であった。つまり，90年代後半と同様，2000年代前半の景気拡大もアメリカの国際通貨国特権を抜きには考えられないものなのである。

注）
1） この起債の活発化は住宅モーゲージのリファイナンスに応じたものであった（Bach [2002a], p.53）。
2） GSE（政府支援機関）には，MBSの発行を行うファニーメイとフレディーマックの他に，ジニーメイ（政府抵当金庫）とFHLBS（連邦住宅貸付銀行制度）がある。詳しくは海外住宅金融研究会［2000］を参照。
3） 数値はBoard of Governors of the Federal Reserve System, *Flow of Funds of accounts of the United States*, various issuesより。なお，政府関連機関債には公的MBSも含まれる。
4） Department of the Treasury; Federal Reserve Bank of New York; Board of Governors of the Federal Reserve System [2007], p.13. OECD [2007] によれば，RMBS（住宅ローン債権担保証券）を含むABSの約3割がヨーロッパとアジアを中心とする非居住者によって保有されているようである（p.52）。また，李［2008］は，Inside Mortgage Financeのデータを用いながら，アメリカにおける住宅ローン関連証券保有者分布を明らかにしている。アメリカにおけるMBS保有額は2003年末から2006年末にかけて，39,720億ドルから57,340億ドルに増加した。同期間における各投資家の増加額を見ると，非居住者は6,870億ドルで最大の増加幅であり，個人2,040億ドル，その他1,980億ドル，商業銀行1,970億ドルを超えるものであった（14ページ）。

5) 内閣府政策統括官室［2007］によれば，2000年第1四半期から2006年第4四半期にかけて，実質化したOFHEO（米連邦住宅公社監督局）住宅価格指数は51.2％，ケース・シラー住宅価格指数では91.0％上昇し，1980年代，90年代の上昇を大きく凌ぐ伸びとなった。しかし，2006年後半以降，アメリカの住宅価格は下落している。
6) 住宅価格の上昇を背景として，個人消費支出だけでなく住宅投資も増加した。図表4補－1によれば，2004年に住宅投資は10.0％の非常に高い伸び率となっていた。

95

第5章　ヨーロッパにおける脱ドルの進展

1．はじめに

　グローバルに見れば，国際通貨ドルの地位は依然として圧倒的であるが，1980年代後半以降，ヨーロッパにおいて脱ドルが進展することになった。ヨーロッパでは，すでに1970年代から自国通貨建て貿易が高いものとなっていた。80年代後半から90年代初頭にかけては，マルクの国際通貨化が大きく進展し，99年には単一通貨ユーロが導入された。そして2000年代に入ると，ユーロ域（ユーロを自国通貨とするEU諸国）に隣接するユーロ圏（ユーロを主要な国際通貨として使用する諸国）を中心に，地域的国際通貨ユーロの地位が向上している[1]。

　本章では，次の二つの課題について明らかにする。第一は，1980年代後半から90年代初頭にかけてのマルクの国際通貨化と99年のユーロ導入が，現在のドルを中心とする国際通貨システムにおいてどのように位置付けられるのかについてである。80年代後半以降のヨーロッパにおける脱ドルの大きな契機となったのがEMS（欧州通貨制度）の創設であった。EMSの創設目的は域内における脱ドルと対称的な通貨制度の確立にあったが，これらの創設目的が達成される中で，マルクの国際通貨化が進展し，ユーロが導入されたのである。第二は，2000年代以降における地域的国際通貨ユーロの地位向上が，アメリカの国際通貨国特権に将来的にどのような影響を与えるのかについてである。そこでは，国際通貨機能の三つのレベル（公的レベル，銀行間外国為替市場レベル，非銀行民間レベル）から，地域的国際通貨ユーロの地位についての分析を行う。

2. EMS の成功——「上から」の脱ドル——

(1) EMS の創設目的

1980年代後半以降のヨーロッパにおける脱ドルの大きな契機となったのが EMS の創設であった。EMS の創設目的としては次の二つがあげられる。第一は，乱高下を繰り返すドルの撹乱的影響から EC 域内を守るために，域内において脱ドルを行うことである。第二は，EC における対称的な通貨制度の確立である。後で見るように，現実の運営では第一の脱ドルに成功したものの，第二の対称的な通貨制度の確立は達成できなかった。では，制度的な意味において EMS はこれらの目的を達成するように創設されていたのであろうか。また，現実的に見て，それらの目的は実現可能であったのであろうか。[2] 本項では，EMS 創設を決定した「1978年12月5日の欧州理事会の欧州通貨制度 (EMS) の創設および関連事項についての決議」(以下では「EMS 創設決議」とする) と EMS 加盟国通貨当局間で締結された「欧州通貨制度の運営手続きを定めた EEC 加盟国中央銀行協定」(以下では「加盟国中央銀行協定」とする) を参考にしながら，EMS の創設目的である域内における脱ドルと対称的な通貨制度の確立の実態について明らかにする。[3]

第1章で見たように金兌換と金の自由輸出入が保証されている兌換制下では，為替相場は金現送点内に安定する。これに対して，金兌換が停止され，金の自由輸出入が禁止される不換制下においては，各国通貨相互間の固定的な金平価が存在しなくなることから，変動相場制が常態化する。このことから，不換制下において固定相場制といった安定的な各国通貨相互間の関係を確立するためには，国際通貨協定による中心相場の設定の方式，介入方式，公的決済の方式に関するそれぞれのルールが必要となる。EMS ではこれら三つのルールはどのように定められていたのであろうか。

まずは中心相場の設定の方式についてである。EMS はバスケット通貨である ECU (欧州通貨単位)，ERM (為替相場メカニズム)，および多様な信用供

与制度からなる。ECUは加盟国通貨当局が保有する金およびドル準備の20％の預託と引き換えにEMCF（欧州通貨協力基金）より供与され，その役割は，① ERMの表示単位，② 乖離指標の基準，③ 介入および信用供与制度における表示単位，④ EC加盟国通貨当局間の決済手段である。

ECUバスケットはGDPとEC域内貿易量などを基準にウェイトがかけられたEC加盟国通貨から構成されるが，1993年11月，マーストリヒト条約（欧州連合条約）が発効したのを受けて，その構成単位は，次の通りに凍結された。

1 ECU = 0.6242D.M. + 1.332F.Fr + 151.8Lit. + 0.2198D.Gl. + 3.301B.Fr. + 0.130L.Fr. + 0.008552 I.£ + 0.1976D.Kr. + 0.08784Stg.£ + 1.440G.Dr. + 6.885S.Pta. + 1.393P.Esc.…①

① 式により1ECUの価値は求められるが，通貨単位が異なるためこのままでは右辺を合計することはできない。この問題は各国の対ドル相場を用いることによって解決される。実際にはベルギーのブリュッセル時間午後2時30分現在の対ドル相場に一定のウェイトを掛けた各国通貨当たりのドル金額をそれぞれ算出し，それらを合計することによってドル表示の1ECUの価値が得られるのである。

EC域内の固定相場制であるERMでは，加盟国通貨は中心相場を特定国通貨に対してではなく各国通貨相互に設定している。具体的には，まず各国通貨の対ECU中心相場を設定する。次に対ECU中心相場を媒介にして各国通貨相互間の中心相場が導かれ，この中心相場を中心とした上下2.25％に変動限度幅が定められている。加盟国通貨相互間の中心相場と上下限相場はマトリックス表示にすると格子（grid）条に形になることから，パリティーグリットと呼ばれる。パリティーグリッド方式のもとでの外国為替市場介入には，変動限度点介入と変動限度内介入がある。中心相場の変動限度幅の上下2.25％に為替相場が達した場合，加盟国に対して義務的に課せられる無制限の介入が変動限度

点介入である。その際,「原則として介入は参加国通貨で行われる」(「EMS 創設決議」第3条第3項) 一方,「変動幅により定められた介入点に達した場合は,参加国通貨による介入が義務づけられる」(「EMS 創設決議」第3条第4項)。ここに域内における脱ドルと対称的な通貨制度の確立という EMS の創設目的が現れている。これに対して,変動限度内介入は協定上に定められていない加盟国通貨当局による自発的な介入のことである。

さらにパリティーグリット方式の他に,ECU 中心相場からの各国通貨の変動の程度を指し示す ECU 乖離指標方式が導入された。加盟国通貨の最大乖離幅は ECU 中心相場に対して 2.25%×(1 - 当該国通貨のウェイト)で算出され,その最大乖離幅の 75%に介入警告点が設けられた。変動限度点において強い通貨の国と弱い通貨の国に相互介入を義務付けるパリティーグリット方式とは異なり,ECU 乖離指標方式は ECU から乖離した国のみが負担を負うという意味で,公平な介入負担を目的としたものであった。しかし,EMS の介入方式において中心であったのはパリティーグリット方式である。

加盟国通貨による無制限の外国為替市場介入を支えるものとして,超短期ファイナンス (VSTF) をはじめとする多様な信用供与制度が設けられた[4]。「共同体内通貨による介入を可能とするために,参加中央銀行は相互に,…金額無制限の超短期信用ファシリティーを設定する」(「加盟国中央銀行協定」第6条第1項)。信用供与制度を利用した介入に伴って発生する中央銀行間の債権債務関係の決済,すなわち公的決済は,債務国が ① 債権国通貨,② ECU 資産,③ 対外準備〔第一カテゴリー:SDR, IMF ポジション,第二カテゴリー:ドル〕のいずれかを選択して行われる (図表 5 - 1)。

しかし,これらのルールに従いながら,域内における脱ドルと対称的な通貨制度の確立という目的のもとに EMS を運営していくことには制度的に限界があった。伊豆[1992]は,EMS の介入方式における脱ドルには制度的に限界があったことを指摘している。上記のように,外国為替市場介入は,加盟国通貨による相互介入が原則(「EMS 創設決議」第3条第3項)であり,この介入の

ために無制限の信用供与制度が設けられていた(「加盟国中央銀行協定」第6条第1項)。しかし，同時に「加盟国中央銀行協定」は次のような規定によって，加盟国通貨保有を制限していた。「各中央銀行は，総裁委員会によって確定された限度内で，共同体通貨を運転資金として所有することができる。この限度を越える場合はすべて，関係中央銀行の同意を必要とする」(「加盟国中央銀行協定」第15条)[5]。すでに述べたように，パリティーグリッド方式のもとでの外国為替市場介入には変動限度点介入と変動限度内介入があった。変動限度点介入の場合，強い通貨の国と弱い通貨の国が相互介入を行うが，弱い通貨の国は信用供与制度を利用して強い通貨の国の通貨を無制限に調達することができる。しかし，変動限度点では，投機筋による大規模な弱い通貨売り／強い通貨買いが生じることにより，介入規模が巨額となり，それには大きなコストがかかる。これを回避するためには，協定に記されていない自発的な変動限度内介入が選好されることになる。その場合，「加盟国中央銀行協定」第15条にあるように信用供与制度を利用することはできず，原則であった加盟国通貨介入は制度的に制限され，ドル介入が優勢となる。すなわち，介入方式における脱ドルは名目的なものであったのである[6]。

さらに，岩本［1990］と滝沢［1990］が指摘したように，公的決済の方式に

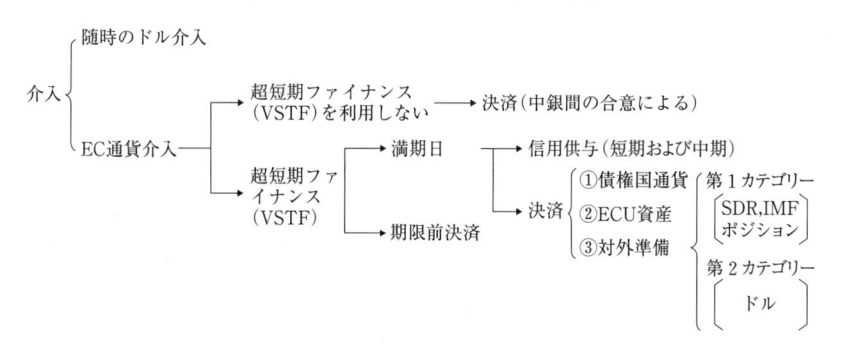

図表5－1　EMSにおける介入と決済

```
            ┌ 随時のドル介入
            │
介入 ┤       ┌ 超短期ファイナンス ──→ 決済(中銀間の合意による)
            │ (VSTF)を利用しない
            └ EC通貨介入 ┤
                         │                    ┌ 満期日 ──→ 信用供与(短期および中期)
                         │ 超短期ファ ┤
                         │ イナンス    │                    ┌ ①債権国通貨   第1カテゴリー
                         │ (VSTF)     │                    │ ②ECU資産    ┌ SDR,IMF ┐
                         │             └ 期限前決済 ──→ 決済 ┤ ③対外準備   │ ポジション │
                         │                                   │              └         ┘
                         │                                   │              第2カテゴリー
                         │                                   └              ┌ ドル ┐
                         │                                                  └      ┘
```

(出所) 岩本［1990］，18ページに一部加筆して作成。

おいても，ドルの利用なしに EMS は制度的に運営できないようになっていた。創設目的である脱ドルの観点からすれば，① 債権国通貨または ② ECU 資産による決済が原則となる（前掲　図表5－1）。しかし，加盟国通貨保有の制限に関する規定（「加盟国中央銀行協定」第15条）によって，公的決済のかなりの部分は，② ECU 資産または ③ 対外準備となる。そして，② ECU 資産による決済にしても限界があった。「債権国中央銀行は決済される債権の50％を越える金額については ECU による決済を受け入れなくても良いという条件で，ファイナンス期日に（債権国の通貨により優先的に実行されない限り）すべてあるいは部分的に ECU の譲渡によって決済が行われる」（「加盟国中央銀行協定」第16条）。つまり，② ECU 資産による決済がその限界の債権総額の50％で行われたとしても，残りの50％は ③ 対外準備によって決済されることになる。1987年9月のバーゼル・ニューボア合意では，超短期ファイナンスの変動限度内介入での利用と同ファイナンスの決済における ECU 資産による決済比率の100％への引上げが認められた。実際には，ECU 資産による決済はかなり限定的であり，また SDR および IMF ポジションと非ドル外貨による決済も極めて少ないものであった[7]。こうして，公的決済においてもドル決済が支配的になった。したがって，EMS における公的決済は事実上ドル決済を不可欠の要素として含んでいたのである[8]。

　そして，対称的な通貨制度の確立についても限界があった。第一は，中心相場設定の方式における限界である。中心相場設定の方式に関しては，パリティーグリット方式の下，加盟国通貨当局が多数の通貨を準備として保有しなければならなくなることから，それは為替管理上の大きな負担となる。このため，加盟国は特定国通貨に対し中心相場を設定し，それを通じてその他の加盟国通貨の為替相場管理を行うことになるのである[9]。第二は，介入方式における限界である。ECU 乖離指標方式では，ある通貨が介入警告点を越えた場合，その当該国の通貨当局は何らかの措置を取らなければならない。それには多様な介入，国内金融政策措置，中心相場の変更，その他の経済政策措置（「EMS 創設

決議」第3条6項)があげられるが，こうした措置が取られなかったとしても，それに対する罰則規定は存在しなかった。このことから，ECU乖離指標方式による介入はEMS加盟国の通貨当局の自発性に基づく任意の介入に近いものであった。[10]

　本項では，EMSの創設目的である域内における脱ドルと対称的な通貨制度の確立の実態について見てきた。中心相場の設定の方式と介入方式に関しては，加盟国通貨介入の原則とそれを支える無制限の信用供与制度が設けられていた。しかし，加盟国通貨保有とECU資産による決済は制度的に制限されており，ドルの利用なしではEMSは運営できないようになっていた。そして対称的な通貨制度の確立であるが，加盟国通貨当局の為替相場管理上での負担とECU乖離指標方式の罰則規定の不備の問題があったことから，それには限界があった。このように，EMSの創設目的である域内における脱ドルと対称的な通貨制度の確立には大きな限界があったのである。

(2) マルクの基準・介入・準備通貨化

　EMSの実際の運営からは次のような特徴が見出される。第一は，1980年代後半以降，変動限度点介入が，90年代初頭の欧州通貨危機の混乱期を除けば，わずかのシェアを占めるに過ぎなくなり，変動限度内介入のシェアが急上昇したことである。これはEMS下の域内固定相場制が成功したことを示している。[11]第二は，介入通貨のドルからマルクへの交替である。創設当初は脱ドルという目的とは裏腹にドル介入が約70％を占めていたが，次第に加盟国通貨介入―大部分がマルク介入―が増加し，80年代後半以降，ドルとのシェアが逆転した。第三は，ブンデスバンクとその他のEMS加盟国通貨当局における非対称的な介入方式である。[12] EMS内での介入がもっぱらドイツ以外の加盟国によって行われていた一方で，ブンデスバンクによる介入の大部分はドル介入であった。[13]これは，ドイツ以外のEMS加盟国がマルクをEMSのアンカー（基準通貨）として認め，非対称性を受け入れたことを意味する[14]（図表5-2）。

このような EMS の実際の運営におけるマルクの基準・介入通貨化は，前項で見たように加盟国通貨保有が制限されていたことと相容れない。この制度的な限界にもかかわらず，1980 年代後半，EMS 下の域内固定相場制が成功したのは制度の外部に属するものの，実際の運営において不可欠な条件が存在したためである[15]。それは各国通貨当局のマルク準備の多くがユーロマルク市場で蓄積されたことである[16]。先に見たように，80 年代後半の EMS では，変動限度内介入におけるマルク介入のシェアが急上昇していた。この介入のためのマルク準備は 80 年代前半の EMS においてマルクが最弱通貨であった時期に買い支えられた結果として積み上げられたものであった[17]。ユーロマルクをはじめとするユーロカレンシーを用いた介入の場合，介入を実施した国の商業銀行のハイパワードマネーが増減するが，介入通貨の国の商業銀行のハイパワードマネーは変化しない。なぜなら，ユーロカレンシーはすでに民間で保有されたものであり，介入に用いられたとしても，それは民間保有のマルクの持ち手が変わるだけだからである[18]。この結果，変動限度内のマルク介入が西ドイツ国内のマネ

図表 5−2　EMS における外国為替市場介入

(単位：10 億ドル)

	79−82年	83−85年	86−87年	88−89年	90−91年	92−93年
全 ERM 通貨						
EMS 内介入						
限界点介入	20.5	15.4	22.3	0.9	0.9	55.2
限度内介入	29.2	48.6	113.7	32.4	44.6	333.3
ドル介入	139.4	78.4	53.7	29.5	n.a.	n.a.
ブンデスバンク						
EMS 内介入						
限界点介入	3.1	1.7	3.3	0	1.0	146.5
限度内介入	0	0	0	0		
ドル介入	25.4	18.9	5.4	12.4	5.9	0.7
メモ：VSTF の理由	17.1	15.3	34.3	−	n.a.	n.a.

(注) 売買の合計。全 ERM 通貨・EMS 内介入の 1990 年以降の計数はマルク介入分のみ。
(原資料) Gros, D. and N. Thygesen [1992], p.139. Deutsche Bundesbank [1993], p.89.
(出所) 冨士・篠田・佐久間 [1994]，90 ページに一部加筆・修正して作成。

ーサプライに与える影響は実際の介入額が示すよりも小さなものとなった。[19]

　また，田中 [1991] が指摘するように，1980 年代後半のドル相場の動向もマルクの基準・介入通貨化の契機となった。ドル相場の動向は ERM に対して次のような影響を与える。ドル高期の場合，ERM 内ではマルク安／その他 ERM 加盟国通貨高が進んでおり，域内固定相場制の維持は容易である。これに対して，ドル安期には，マルクに投機的な短期資金が流入することによって，ERM 内ではマルクとその他の ERM 加盟国通貨との乖離が著しくなり，域内固定相場制は混乱することになる。ドル安期であった 80 年代後半に，80 年代前半のように ERM 内でドル売り介入を実施すれば，さらなる投機的なドル売りを誘う危険があった。[20] こうして 80 年代後半，EMS 介入ではドルよりも加盟国通貨が選好され，その中でも，通貨価値が安定し，ECU バスケットの中で最大のウェイトを持つマルクが介入通貨となったのである。そして EMS における介入通貨化は準備通貨としてのマルクの地位を高めることになった。マルク準備の保有シェアは，先進国—とりわけ EC 諸国—を中心に 80 年代後半に大きく上昇している（図表 5-3）。

　本節の検討で明らかになったように，EMS 下の域内固定相場制の成功は，EC 域内においてマルクの基準・介入・準備通貨化をもたらした。これは公的レベルの国際通貨機能におけるマルクの国際通貨化であり，EC 域内における「上

図表 5-3　世界の公的外貨準備の通貨別構成（1980 年代～1990 年代前半）

（単位：％）

		1980	1985	1987	1988	1989	1990	1991	1992	1993	1994	1995
ドル	世界	68.5	64.8	56.0	55.3	51.9	57.5	51.3	55.3	56.7	56.6	57.0
	先進国	77.2	65.2	54.8	54.5	48.4	56.0	43.6	48.8	50.2	50.8	51.8
	発展途上国	59.9	64.5	59.1	57.5	60.5	60.7	63.3	64.4	64.3	63.0	62.4
マルク	世界	14.9	15.1	13.4	14.5	18.0	18.6	15.4	13.3	13.7	14.2	13.7
	先進国	14.3	19.5	14.1	15.5	20.6	21.9	18.3	15.1	16.4	16.3	16.4
	発展途上国	15.4	10.0	11.5	11.9	11.7	11.6	10.8	10.8	10.5	11.9	11.0
円	世界	4.4	8.0	7.0	7.1	7.3	8.8	8.5	7.6	7.7	7.9	6.8
	先進国	3.3	8.9	6.3	6.4	7.5	9.6	9.7	7.6	7.8	8.2	6.6
	発展途上国	5.4	6.9	8.6	8.9	6.9	7.3	6.7	7.7	7.5	7.6	7.0

（出所）IMF, *Annual Report*, various issues より作成。

から」の脱ドルを進展させるものであった。

3．域内資本移動の活発化——「下から」の脱ドル——

(1) コンヴァージェンス取引の活発化

　前節で見たように，EMS下の域内固定相場制の成功はマルクの基準・介入・準備通貨化を通じて，EC域内において「上から」の脱ドルを進展させた。一方，EMS下の域内固定相場制の成功は，西欧諸国通貨建ての域内ポートフォリオ投資の拡大を支えることになった。[21] この西欧諸国通貨建ての域内ポートフォリオ投資を，Group of Ten [1993] はコンヴァージェンス・トレイド，IMF [1993] はコンヴァージェンス・プレイと呼んでいる（以下ではまとめて「コンヴァージェンス取引」とする）。[22] 田中 [1995] は，これらのGroup of TenとIMFの報告書をもとに，コンヴァージェンス取引を次のように整理している。例えば，アメリカの機関投資家であるミューチュアル・ファンドがドル資金をリラに転換して，高金利国であるイタリアの国債を購入したとしよう。ここで，ミューチュアル・ファンドは直物取引ではドル売持ち（ショート）／リラ買持ち（ロング）という為替イクスポージャーを抱えることになる。次に，通常の為替取引ならば，為替リスク・ヘッジのために，先物取引においてリラ売り／ドル買いというカヴァー取引を行う。この場合，金利裁定取引によって，先物市場では，低金利通貨であるドルは割高（プレミアム），高金利通貨であるリラは割安（ディスカウント）となり，理論的に直先スプレッドは両国間の金利差に収斂する。これに対して，コンヴァージェンス取引では，先物取引においてリラの代わりにマルクを用いて，マルク売り／ドル買いというカヴァー取引を行うのである。ここで，マルクは「代理ヘッジ」として利用されている。つまり，ミューチュアル・ファンドは，リラの買持ち／マルクの売持ちという為替イクスポージャーをヘッジしないでオープンのままにしておくのである。なぜなら，イタリア国債に対する投資期間中，EMS下の域内固定相場制の安定によって，リラとマルクの為替相場が安定している限り，両通貨間の金利差益を得ることができ

図表5－4　先進主要国の貿易における自国通貨建て比率

(単位：％)

	輸出		輸入	
	1980年	1988年	1980年	1988年
日本	29.4	34.3	2.4	13.3
フランス	62.5	58.5	33.1	48.9
ドイツ	82.3	81.5	43.0	52.6
イタリア	36.0	38.0	18.0	27.0
イギリス	76.0	57.0	38.0	40.0
アメリカ	97.0	96.0	85.0	85.0

(注) 1988年のドイツの輸出とイタリアの輸出入のデータは1987年のものである。
(出所) Tavlas and Ozeki [1992], p.32 より作成。

るためである。このようにEMS下の域内固定相場制の成功は，西欧諸国通貨建ての域内ポートフォリオ投資の拡大を支えることになったのである[23]。

　このコンヴァージェンス取引の例によれば，機関投資家による域内ポートフォリオ投資は西欧諸国通貨建て（リラ建て）で行われていた。すでに1970年代から，ヨーロッパでは域内貿易だけではなく，自国通貨建て貿易も高いものになっており，西欧諸国通貨の契約・決済通貨化が進んでいた[24]。EC諸国の貿易における自国通貨建て比率を見ると，1988年，イタリアを除けば，輸出で6割から8割が，輸入で4割から5割が自国通貨建てとなっていた（図表5－4）。この西欧諸国通貨の契約・決済通貨化に加えて，80年代後半から90年代初頭にかけての西欧諸国通貨建ての域内ポートフォリオ投資の拡大によって，マルクを含めた様々な西欧諸国通貨が域内の投資・調達通貨となった[25]。これは非銀行民間レベルの国際通貨機能における西欧諸国通貨の利用の高まりであり，EC域内における「下から」の脱ドルを進展させるものであった。

(2) マルクの為替媒介通貨化

　前項で見た西欧諸通貨建ての域内ポートフォリオ投資の拡大による西欧諸国通貨の投資・調達通貨化は，すでに1970年代から進展していた自国通貨建て

貿易と相まって、域内の為替銀行の対顧客取引市場において様々な西欧諸国通貨建てポジションをもたらすことになった[26]。これに対して、銀行間外国為替市場ではマルク取引が増加し、マルクは為替媒介通貨化することになった。田中［1996c］と岩田［1996b］は、この要因として次の二点をあげている。第一は実需要因である。コンヴァージェンス取引に伴う外国為替取引においては、マルクが媒介に入るが、このマルク取引は為替銀行の為替持高・資金操作を通じて、銀行間外国為替市場において対顧客取引市場の何倍ものマルク取引を発生させることになった。第二は為替相場要因である。80年代後半、西欧諸国通貨は対ドル相場で大きな変動を経験する一方、EMS下の域内固定相場制度の成功によって、対マルク相場では安定的であった。これによって、域内の為替銀行は為替持高をドルからマルクに変更することになった。

BISによる世界の主要国における外国為替市場調査によれば、1992年4月の調査では、ドイツを除けば、フランス、デンマーク、アイルランド、さらにオランダ、ポルトガル、ギリシャ、スウェーデン、フィンランド、オーストリアといったヨーロッパ諸国においてマルク対価の取引がドルのそれを超えるかまたはそれを少し下回る程度までになっている。これらの諸国においては、為替媒介通貨ドルの地位が侵食されているだけでなく、自国通貨／マルク・マルク／その他ヨーロッパ通貨といったマルクを媒介とした取引が行われていると考えられる。これはマルクが為替媒介通貨として機能していることを意味する[27]。その後、マルク対価の取引がドル対価を上回る市場は、1995年4月の調査においてはドイツを除けばアイルランド、スウェーデン、オーストリア、1998年4月の調査ではオランダだけになっているが、ヨーロッパ諸国の外国為替市場におけるマルク対価の取引は依然として大きなものとなっており、1992年4月の調査からの傾向は続いているといえる[28]（図表5-5）。

第2節と第3節では、1980年代後半から90年代初頭にかけてのヨーロッパにおける脱ドルの進展について見てきた。その脱ドルの大きな契機となったのがEMSの成功であった。そしてEMS下での域内固定相場制の成功は次のよ

第5章 ヨーロッパにおける脱ドルの進展 107

図表5-5 ヨーロッパ諸国の外国為替市場の取引通貨構成(92・95・98年)

(単位:100万ドル)

		全通貨			ドル対価			主要通貨別の構成 マルク対価			円対価		
		1992年4月	1995年4月	1998年4月	1992年4月	1995年4月	1998年4月	1992年4月	1995年4月	1998年4月	1992年4月	1995年4月	1998年4月
EMS諸国	イギリス	300,217	463,769	637,309	241,471	387,914	558,215	124,210	164,677	205,557	45,728	92,180	91,355
	ドイツ	56,518	76,236	94,281	42,852	55,477	80,794	47,121	58,106	62,145	4,027	5,942	7,738
	フランス	35,546	58,047	71,896	21,767	38,215	58,834	19,434	27,087	24,420	2,433	4,854	5,055
	デンマーク	27,600	30,453	27,283	17,493	21,673	23,246	14,889	11,248	6,953	1,108	749	685
	ベルギー	15,937	28,107	26,534	12,463	23,179	20,900	5,758	8,682	7,466	1,088	1,876	1,780
	オランダ	20,115	25,509	41,039	13,000	17,754	6,649	9,112	11,006	15,503	852	1,287	2,123
	イタリア	15,509	23,248	28,196	8,992	17,708	21,265	4,907	5,692	6,647	—	485	755
	ルクセンブルク	13,319	19,060	22,159	10,546	14,872	15,841	7,091	11,029	10,799	355	694	1,174
	スペイン	12,458	18,261	19,318	8,098	13,897	16,650	4,729	7,252	5,079	464	393	394
	アイルランド	6,049	4,875	10,087	3,124	2,518	7,998	4,042	2,789	3,445	249	171	1,562
	ポルトガル	1,323	2,382	4,398	546	1,397	3,050	966	1,074	1,290	30	199	316
	ギリシャ	1,095	3,291	7,185	768	2,059	3,958	599	1,554	2,313	39	786	1,501
その他諸国	スウェーデン	68,078	19,947	15,356	13,746	13,141	10,639	10,355	40,981	5,352	301	8,034	750
	ノルウェー	5,218	7,577	8,807	4,199	5,499	7,320	1,841	3,045	3,012	289	139	299
	フィンランド	6,761	5,302	4,166	5,500	2,986	3,220	3,135	2,930	1,324	195	47	60
	スイス	12,458	86,462	81,719	49,661	62,676	67,947	29,622	40,981	28,431	6,024	8,034	11,161
	オーストリア	29,837	39,534	10,488	3,454	10,254	8,082	3,705	10,800	7,595	69	6,162	8,269
	世界合計	1,130,299	1,571,785	1,981,619	927,987	1,313,440	1,740,956	460,850	583,816	602,734	255,529	371,375	407,194

(注) それぞれの年の4月の1営業日平均総取引高。
(出所) BIS [1993]. Annex Tables, Table 2-A : BIS [1996]. V. Statistical Annex Tables, Table 1-D : BIS [1999]. E. Statistical Annex Tables, Table E-4 より作成。

うなルートを通じて域内における脱ドルを進展させた。第一は「上から」の脱ドルの進展であった。第2節で見たように，80年代後半から90年代初頭にかけてのEMS下での域内固定相場制の成功は，マルクの基準・介入・準備通貨化をもたらした。第二は「下から」の脱ドルの進展であった。すでに70年代から，自国通貨建て貿易の高まりによって，西欧諸国通貨は域内で契約・決済通貨として用いられていた。第3節で見たように，1980年代後半から90年代初頭にかけて，EMS下での域内固定相場制の成功の下，コンヴァージェンス取引と呼ばれる域内ポートフォリオ投資が拡大することによって，西欧諸国通貨は域内において投資・調達通貨としても利用されるようになった。これは，非銀行民間レベルの国際通貨機能における西欧諸国通貨の利用の高まりであった。このような「上から」と「下から」の脱ドルの進展の結果，マルクは域内における為替媒介通貨となったのである。[29]

4．欧州通貨危機からユーロ導入

(1) 欧州通貨危機

EMSの創設目的から見ると，マルクの為替媒介通貨化は次のような意義を持っていた。第一は脱ドルの大きな進展であった。しかし，このことはEMSがドル相場の乱高下の影響から完全に自由であることを意味しない。なぜなら，ドル相場が下落すると，ERM内ではマルクとその他のERM加盟国通貨との乖離が著しくなり，域内固定相場制は混乱するためである。これはEMSが「ドル・ペッグ・システム」的な性格を持っていることを示している。[30] 第二は，EMSが事実上のマルク圏となり，対称的な通貨制度の確立は実現できなかったことである。後で見るように，EMSの二つの創設目的は，1999年の単一通貨ユーロの導入によって完全に達成されることになる。本節では，90年代におけるEMS下での域内為替相場の動向について検討することによって，通貨統合参加国が単一通貨を導入していった過程を明らかにしていく。

1990年代初頭，経済通貨統合の進展や長期にわたる中心相場の変更の回避

第5章 ヨーロッパにおける脱ドルの進展　109

図表5-6　EMS主要国通貨の対マルク相場（月平均）

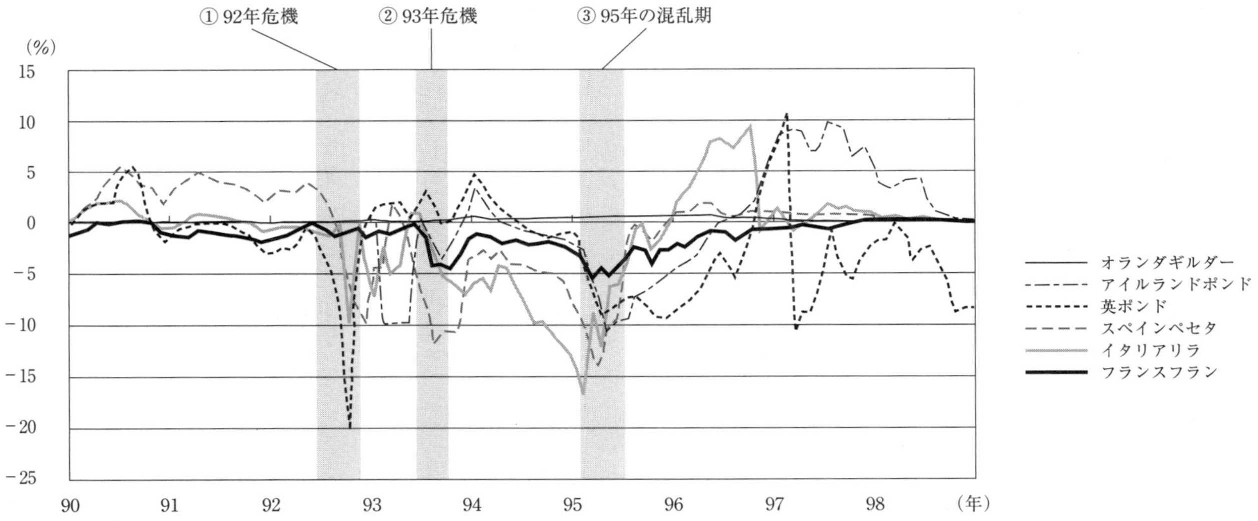

① 92年危機　② 93年危機　③ 95年の混乱期

凡例：
- オランダギルダー
- アイルランドポンド
- 英ポンド
- スペインペセタ
- イタリアリラ
- フランスフラン

(注1) 1992年9月17日～1996年11月24日までのイタリアリラと1992年9月17日以降の英ポンドにはバリティ・グリッド方式による中心相場は存在しないが、両通貨の対ECU相場とマルクの対ECU相場から仮の中心相場を算出して、これを対マルクの中心相場と見なしている。
(注2) ECU中心相場による加盟国通貨の対マルク中心相場の調整は、その都度行っている。ECU中心相場の変更はEuropean Commision, *Bulletin of European Union*, various issuesを参考にした。
(出所) Deutsche Bundesbank, *Monthly Report*, various issuesより作成。本図表の作成に関しては松田岳氏（東京富士大学）より数多くのご教示を頂いた。

図表5-7 為替相場の推移

1. 92年通貨危機

	リラ／マルク	マルク／英ポンド	ペセタ／マルク	仏フラン／マルク
変動下限相場[1]	765.400	2.7780	69.017	3.4305
6月	756.24	2.9164	62.898	3.3668
7月 第1週	757.63	2.8989	63.251	3.3659
第2週	756.47	2.8793	63.328	3.3704
第3週	759.35	2.8497	63.844	3.3781
第4週	759.38	2.8413	63.945	3.3765
第5週	756.12	2.8423	63.660	3.3781
8月 第1週	755.99	2.8312	63.779	3.3783
第2週	758.06	2.8216	63.921	3.3874
第3週	759.8	2.8109	64.264	3.3938
第4週	764.45	2.7913	64.955	3.4091
第5週	764.97	2.7883	64.856	3.4099
9月 第1週	765.02	2.7912	65.019	3.4067
9月 第2週	764.56	2.7878	64.985	3.4062
9月14日	793.31	2.8115	64.713	3.3887
9月15日	804.52	2.7829	65.075	3.3910
9月16日	824.81	2.7466	67.402	3.3972
9月21日	845.11	2.5363	70.359	3.4155
9月24日	843.42	2.5413	70.296	3.3987

2. 93年通貨危機

	仏フラン／マルク	ペセタ／マルク	デンマーククローネ／マルク	ベルギーフラン／マルク
変動下限相場[2]	3.4305	84.0300	3.90160	21.0950
6月	3.3652	76.804	3.8302	20.557
7月 第1週	3.3757	76.331	3.8496	20.554
第2週	3.3901	76.324	3.8530	20.595
第3週	3.4158	77.963	3.8920	20.642
第4週	3.4156	79.120	3.8717	20.672
7月28日	3.4065	81.093	3.8911	20.713
7月29日	3.4173	82.016	3.8962	20.867
7月30日	3.4197	83.101	3.8863	20.979
8月2日	3.5097	82.781	3.982	21.667

3. 95年の混乱期

	仏フラン／マルク	ペセタ／マルク	リラ／マルク	マルク／英ポンド
中心相場[3]	3.35386	79.1172		
1月	3.459	86.726	1052.84	2.4086
2月 第1週	3.4682	86.892	1057.29	2.3998
第2週	3.4606	86.226	1055.79	2.3828
第3週	3.4721	86.353	1069.35	2.3578
第4週	3.4955	87.749	1099.87	2.3345
第5週	3.5207	87.923	1146.07	2.3071
3月 第1週	3.5175	87.950	1138.47	2.3234
第2週	3.5622	92.077	1185.20	2.2551
第3週	3.5604	92.142	1214.21	2.2245
第4週	3.5364	91.773	1220.97	2.2372
第5週	3.5098	91.831	1224.70	2.2397
4月	3.5108	89.863	1239.2	2.2197

(注1) 1992年4月6日より実施の相場。
(注2) 1993年5月14日より実施の相場。
(注3) 1993年8月2日より実施の相場。
(出所) PACIFIC Exchange Rate Service, Database Retrieval；東京銀行調査部『東京銀行月報』各号；東京銀行調査部『東銀経済四季報』各号より作成。

を背景として，EMSを「疑似通貨同盟」と捉える見解のように楽観論が支配していた。しかし，92年6月2日のデンマーク国民投票におけるマーストリヒト条約の批准否決による政治的混乱（「デンマーク・ショック」），そしてドル急落を契機として，EMSの安定は終わりを告げることになった。90年12月以降，景気後退局面にあったアメリカは段階的に金利を引き下げており，92年の欧州通貨危機直前には，公定歩合とフェデラル・ファンド・レートはともに3％にまで低下していた。これに対して，7月17日，ブンデスバンクは東西ドイツ統一によるインフレ圧力の抑制を目的として，ロンバート・レート（有価証券担保貸付レート）は9.75％に据え置いたものの，公定歩合を8％から8.75％というように予想以上に引き上げた。この結果，両国間の金利格差が拡大し，これはドル相場の急落をもたらした。ドル安期にはマルクに投機的な資金が流入することによって，マルクとその他のERM加盟国通貨との乖離が著しくなり，域内固定相場制は混乱することになる。ここにEMSの「ドル・ペ

ッグ・システム」的な性格が現れてくる。

　域内固定相場制の混乱は為替相場の動向からも読み取れる (図表5-6・7)。7月以降, イタリア・リラ, そして拡大変動幅 (6%) が認められていた英ポンド, スペイン・ペセタ, ポルトガル・エスクードが急落することになった。そして, 8月第4週から9月第1週にかけて, リラとポンドは対マルクの変動下限相場を割り込もうとしており, とりわけ両通貨に対する売り圧力が強いことがわかる。また, ドル相場も続落し, 9月2日には一時, 1ドル=1.3904マルクという当時の史上最安値を記録した。9月12日から13日にかけて, リラが変動幅の下限に遂に達したため, リラの中心相場が7%切り下げる一方, ブンデスバンクは金融緩和政策に転換し, 15日に公定歩合を8.75%から8.25%, ロンバート・レートを9.75%から9.5%に引き下げた。しかしこれらの措置では投機圧力を沈静化することはできず, 投機圧力は続き, 特にポンドが売り浴びせられた。9月16日, イングランド銀行とブンデスバンクによる巨額のポンド買い／マルク売り介入, イングランド銀行による最低貸出金利の10%から12%, そして翌日における15%への引き上げの発表にもかかわらず, ポンドは変動幅の下限を離れることはなく, リラも新しい変動幅の下限である1マルク=820リラを越えてしまった (「ブラック・ウェンズデー」)。こうして, 17日にはポンドとリラはERM離脱 (公式的には「一時的な介入義務の停止」) を余儀なくされた。さらに, ペセタも変動幅の下限である1マルク=69.017ペセタを割り込む状況にあったため, 同日, 中心相場が5%切り下げられた。その後, 投機圧力はフランス・フランをはじめとするファンダメンタルズ (経済の基礎的諸条件) の健全な加盟国通貨に向かった。9月20日の国民投票においてマーストリヒト条約が僅差で承認された後にもかかわらず, フランに対する投機圧力は静まることなく, 21日に, 相場は変動幅の下限に達しようとしていた。これに対して, 23日, フランス銀行は短期金利を11.5%から13%に引き上げる一方, ブンデスバンクとともに大規模な変動限度内介入を行った。このような相場防衛策によって, 翌日以降, フラン相場は安定に向かった。[31]

域内固定相場制の混乱は1993年に入っても断続的に続き，7月に再びピークに達することになった。7月初め，フランスの6月の失業率が11.6%という高水準に達し，93年のGDPが1.2%に落ち込むという経済予測の発表を契機として，フランに投機圧力がかかることになった。フランス銀行とブンデスバンクはフラン相場の維持のための大規模な変動限度内介入を実施した。しかし，相場は反転せず，対マルクの変動下限相場である1マルク=3.4305フランを維持したにとどまった。そして投機の波はペリフェリ（周辺）諸国通貨であるペセタやエスクードだけでなく，コア（中心）諸国通貨であるデンマーク・クローネやベルギー・フランにも及ぶことになった。この事態に対して，7月2日，ブンデスバンクは公定歩合を7.25%から6.75%，ロンバート・レートを8.5%から8.25%に引き下げていたが，30日にはロンバート・レートをさらに0.5%引き下げ7.75%とした。また，売り浴びせられていたこれら5通貨は29日に150億マルク，30日には500億から700億マルクという大規模な市場介入によっても買い支えられた[32]。こうした相場防衛策にもかかわらず，30日，フランス・フランとデンマーク・クローネは変動幅の下限に達してしまった。このような危機に対して，7月31日から8月1日にかけて，EC通貨評議会，次いで蔵相・中央銀行総裁会議が開かれることになった。8月2日，中心相場の変更は行わないものの，マルク／オランダ・ギルダー相場以外の加盟国通貨間相場の変動幅を上下2.25%から15%に拡大することが決定された。こうして，EMSは事実上の変動相場制に移行してしまったのである[33]。

(2) 1995年のEMS混乱

　1990年代初頭の欧州通貨危機にもかかわらず，ECはEMSを放棄することなく，経済通貨統合への動きが進展していった。93年11月，経済通貨統合を目指すマーストリヒト条約が発効し，EU（欧州連合）は創設された。そして同年12月，市場統合が完成し，94年1月にはEMU（経済・通貨同盟）第二段階がスタートすることになった。

1994年の域内為替相場の動向を見ると，ERMを離脱したリラとポンド，そして何度も中心相場が切り下げられたスペイン・ペセタといったペリフェリ諸国通貨の為替相場は急速に回復したものの，依然として乱高下を繰り返している。これに対して，フランス・フランなどのコア諸国の為替相場は概ね中心相場から2％から3％以内に安定しており，93年の変動幅拡大以前のように明確ではないが，対マルク相場の安定を指向する政策を依然として採っている[34]（前掲 図表5－6・7）。

しかし，1995年に入ると，92年の危機と同様，ドル急落を契機としてERMは混乱することになった。94年初頭，1.700マルク台まで上昇していたドル相場は，その後下落傾向に転じ，95年2月第2週には1ドル＝1.4715マルクまで急落した。このドル急落を受けて，フランス・フランは2月24日に約16ヵ月ぶりに1マルク＝3.50フラン台に達し，3月17日には1マルク＝3.5754フランまで下落した。また，3月3日，スペイン・ペセタが上下15％に拡大された許容変動幅の下限である1マルク＝91.91120ペセタをすら割り込む可能性が出てきたため，6日に中心相場が7％に切り下げられた。さらにポルトガル・エスクードの中心相場も3.5％切り下げられることになった。この混乱はERMを離脱していたポンドとリラにもおよび，これら二通貨の相場は急落することになった[35]。

このような域内固定相場制の混乱に対して，EUは加盟国間における経済パフォーマンスの収斂で対応した[36]。1990年代後半以降，EMS主要加盟国のインフレ率，長期金利，財政赤字はともに収斂することになった（図表5－8）。他方，単一通貨の導入に向けてのスケジュールも明確化され，95年12月のマドリッドで開催されたEU首脳会談では，単一通貨の名称がユーロに決定した。そして，98年5月のブリュッセルで開催されたEU臨時首脳会議において，通貨統合参加国がEU加盟国15ヵ国のうち当初の予想をはるかに上回る11ヵ国になることが最終決定された。

こうしたEMUをめぐる状況の好転を反映して，1990年代後半，ドル高と

図表5-8 EMS主要加盟国の経済指標

インフレ率（年率） (単位：％)

	1991	1992	1993	1994	1995	1996	1997	1998
ドイツ	3.8	4.9	4.0	2.8	1.8	1.7	1.7	1.0
フランス	3.2	2.4	2.2	2.1	1.6	1.8	1.1	0.6
イタリア	6.9	5.6	5.4	4.6	5.9	4.3	2.5	2.2
スペイン	6.4	6.4	5.6	4.8	4.7	3.4	2.5	2.3

長期金利

	1991	1992	1993	1994	1995	1996	1997	1998
ドイツ	8.6	8.0	6.4	6.9	6.8	6.2	5.7	4.6
フランス	9.0	8.6	6.7	7.3	7.5	6.3	5.6	4.7
イタリア	13.0	13.7	11.1	10.4	11.9	9.2	6.7	4.9
スペイン	12.4	12.2	10.1	10.1	11.3	8.7	6.4	4.9

財政赤字（対GDP比）

	1991	1992	1993	1994	1995	1996	1997	1998
ドイツ	－3.1	－2.6	－3.2	－2.4	－3.3	－3.4	－2.7	－2.6
フランス	－2.1	－3.9	－5.8	－5.8	－4.9	－4.1	－3.0	－2.9
イタリア	－10.1	－9.6	－9.5	－9.2	－7.7	－6.7	－2.7	－2.6
スペイン	－4.5	－4.1	－7.0	－6.3	－7.3	－4.7	－2.6	－2.1

（出所）Commission of the European Communities, *European Economy*, various issues より作成。

いう要因も重なり，域内の固定相場制は安定に向かった。通貨統合参加国の対マルク相場は安定し，変動幅も急速に縮小している（前掲 図表5-6・7）。こうして96年半ば以降のコア諸国の変動幅は，90年代初頭の通貨危機以前と同様に，概ね上下2.25％以内に安定するようになり，ERMを離脱していたリラ相場も急速に安定することになった。[37] そして98年には通貨統合参加国の対マルク相場の変動幅がさらに縮小し，その変動幅は限りなくゼロに近づいている。これは，EMSが事実上のマルク圏であることを前提として，通貨統合参加国が自国通貨の対マルクの変動幅を限りなくゼロにすることによって，単一通貨を導入したことを示している。

(3) ユーロ導入

1999年1月，EMU第三段階がスタートし，欧州単一通貨ユーロが導入された。導入直後はベルギー，ドイツ，スペイン，フランス，アイルランド，イタリア，ルクセンブルグ，オランダ，オーストリア，ポルトガル，フィンランドの11ヵ国の参加であったが，2001年1月にギリシャ，2007年1月にスロヴェニア，2008年1月にはキプロスとマルタも参加し，現在，ユーロ参加国は15ヵ国まで拡大している。ユーロ導入は通貨統合参加国に次のような変化をもたらした。第一は，ユーロ参加国通貨の為替相場は非可逆的に固定され，ECUと等価のユーロが導入されたことである。第二は，第一の結果として，ユーロ参加国通貨相互間の為替相場は単なる交換比率となったことである。第三は，ユーロが通貨統合参加国において唯一の法定通貨となったことである。当初，ユーロは預金通貨として流通し，現金通貨に関しては各国通貨が流通していたが，2002年2月末までに，ユーロ参加国の紙幣・硬貨はユーロに転換された。

EMS創設目的から見れば，ユーロ導入に伴うこれらの変化は次のような意義を持っている。EMS下では，ドル相場が急落すると，マルクとその他のERM加盟国通貨との乖離が著しくなり，域内固定相場制は混乱することになった。第一と第二の変化で指摘したように，ユーロ導入によってユーロ参加国通貨相互間の為替相場が単なる交換比率となり，ユーロ参加国通貨間における為替相場は消滅した。これはユーロ域内ではドル相場の撹乱的影響を受けなくなったことを意味する。つまり，ユーロ導入によって，EMSが持っていた「ドル・ペッグ・システム」的な性格がなくなり，脱ドルが完全に達成されたのである。そして，第三の変化のようにユーロが通貨統合参加国において唯一の法定通貨となったことによって，ユーロ参加国間の国際取引は事実上の国内取引となった[38]。これは，ドイツとその他のEMS加盟国との間に存在した非対称性が消滅したことを示している。

1980年代後半以降のヨーロッパにおける脱ドルの進展の大きな契機となったのはEMSの創設であり，その創設目的は域内における脱ドルと対称的な通

貨制度の確立にあった。第一の域内における脱ドルは，80年代後半から90年代初頭にかけての「上から」と「下から」の脱ドルの結果，マルクが為替媒介通貨化することによって大きく進展した。しかし，これによってEMSはドル相場の乱高下の影響から完全に自由になったのではなく，依然として「ドル・ペッグ・システム」的な性格を持っていた。第二の対称的な通貨制度の確立については，マルクの為替媒介通貨化によって，EMSが事実上のマルク圏となったため，達成できなかった。しかし，本節の分析で明らかなように，域内における脱ドルと対称的な通貨制度の確立というEMSの創設目的は，99年の単一通貨ユーロの導入によって完全に達成されたのである。

5．地域的国際通貨ユーロ

2000年代以降，ユーロ圏（中・東ヨーロッパ，北欧諸国，バルカン諸国，地中海諸国の一部，アフリカの旧植民地，西欧の小国）[39]を中心に，地域的国際通貨としてのユーロの地位が向上している。[40] 本節では，国際通貨機能の三つのレベル（公的レベル，銀行間外国為替市場レベル，非銀行民間レベル）から，地域的国際通貨ユーロの現状について明らかにする。

第一は，公的レベルの基準・介入・準備通貨である。ユーロを基準通貨としている諸国は世界中で18ヵ国あり，これにユーロを含む通貨バスケットを参照に為替相場運営を行っている諸国を加えると，約40ヵ国がユーロを基準通貨として用いている。ユーロを基準通貨する諸国は，主にユーロ未参加のEU諸国，EU加盟申請国，EU加盟候補国などである。[41]

各国通貨当局の多くが外国為替市場介入の内容について公表していないが，ユーロはユーロ圏諸国の介入通貨として利用されている模様である。それには，ユーロ未参加のEU新規加盟国の一部の諸国（スロヴァキアのようなERM II加盟国），ユーロを基礎としたカレンシーボード制を採用している諸国，そしてEU近隣諸国の中でもユーロ準拠の為替相場政策を採用する一部の諸国（例えばクロアチア，セルビア）が含まれる。[42]

図表5－9　ユーロ圏[1]における公的外貨準備の通貨別構成[1,2]

(単位：%)

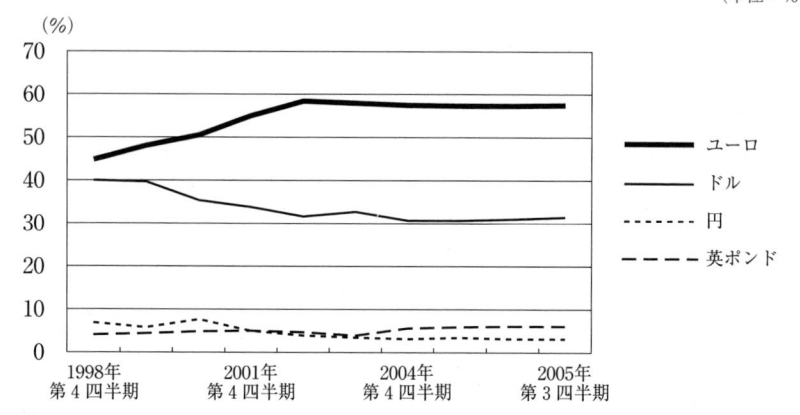

[グラフ：1998年第4四半期から2005年第3四半期までの通貨別構成の推移。ユーロは45%から約57%へ上昇、ドルは40%から約31%へ低下、円と英ポンドは低位で横ばい。]

(注1) EMU参加諸国の周辺の国々とアフリカ大陸の数ヵ国を含む。なお，アメリカとEMU参加諸国は除く。
(注2) 1998年第4四半期のユーロのシェアはマルク，フランス・フラン，オランダ・ギルダー，ECUのシェアを合計したもの。
(原資料) IMF COFER (Currency Composition of Official Foreign Exchange Reserves) データベースとIMFスタッフの推計。
(出所) Lim [2006], p. 19. より作成。

　基準・介入通貨としてのユーロの利用の高まりは，ユーロ圏諸国における準備通貨ユーロの地位向上をもたらしている。ユーロ圏における公的外貨準備の通貨別構成を見ると，1999年第4四半期から2005年第3四半期にかけて，ドルのシェアが39.6%から31.5%に低下する一方，ユーロは48.1%から57.4%に上昇している（図表5－9）。ユーロ導入直前の98年第4四半期，EMS加盟国通貨とECUを合計したシェアがすでにドルを凌いでいたが，99年のユーロ導入後，ユーロのシェアはさらに上昇している。[43]

　第二は，銀行間外国為替市場レベルの為替媒介通貨である。ヨーロッパ諸国の外国為替市場の通貨別構成（2007年4月）を見ると，ブルガリア，エストニア，リトアニア，ルーマニアといったEU新規加盟国ではユーロ対価の取引がドル対価を超える一方，その他の諸国でも，ユーロ対価の取引は大きなものとなっ

第 5 章　ヨーロッパにおける脱ドルの進展　119

図表 5 － 10　ヨーロッパ諸国の外国為替市場の取引通貨構成（2007 年 4 月）[1,2]

(単位：100 万ドル)

	合計	ドル	ユーロ	円	英ポンド
ブルガリア	532	290	477	9	31
チェコ	4,947	3,433	1,902	48	77
デンマーク	86,062	64,639	40,108	2,468	3,390
エストニア	1,251	254	1,158	3	18
ハンガリー	6,715	4,502	3,069	1,066	172
ラトビア	2,589	2,104	1,740	234	424
リトアニア	963	307	889	5	22
ポーランド	8,813	6,653	3,176	50	447
ルーマニア	2,510	778	2,374	4	30
スロヴァキア	3,422	3,098	314	n.a.	n.a.
スウェーデン	42,150	28,950	20,444	1,063	2,022
イギリス	1,359,103	1,205,702	565,640	192,702	297,292
スイス	241,691	205,593	104,195	29,880	36,787
ノルウェー	31,919	27,188	8,072	904	1,218
世界合計	3,988,082	3,462,795	1,467,782	679,775	573,860

（注 1）それぞれの年の 4 月の 1 営業日平均総取引高。
（注 2）スイスとノルウェーは EU とユーロともに未参加である。
（出所）BIS［2007］, E. Statistical Annex TableE. 4 より作成。

図表 5 － 11　デンマークとチェコの銀行間外国為替市場（直物取引）の通貨別構成（2007 年 4 月）

(単位：100 万ドル，％)

	デンマーク		チェコ	
	100 万ドル	シェア	100 万ドル	シェア
ユーロ対価の取引合計	166,858.8	79.1%	15,447.5	76.0%
ドル対価の取引合計	117,169.2	55.6%	8,256.5	40.6%
うち対自国通貨取引				
ユーロのシェア	39,019.8	92.9%	7,152.5	65.8%
ドルのシェア	2,009.2	4.8%	3,327.5	30.6%

（注）4 月の 1 営業日平均総取引高。
（出所）Danmarks Nationalbank［2007］, Table A1.A2.A3；Czech National Bank［2007］, Table A1.A2.A3 より作成。本図表の作成に関しては斎藤［2005］（上），63 ページを参考にした。

ている(図表 5 - 10)。斎藤[2005]は,チェコ,ハンガリー,スロヴェニア,スロヴァキア,デンマーク,スウェーデンの直物外国為替市場の中でも自国通貨取引においてユーロが支配的な通貨となっており,これらの諸国においてユーロが為替媒介通貨として機能していることを明らかにした。次にデンマークとチェコの銀行間外国為替市場の直物取引(2007 年 4 月)について見てみる。デンマークでは,ユーロ対価の取引(79.1%)がドル対価(55.6%)を上回っている。そのうち自国通貨取引を見ると,ユーロのシェアは92.9%であり,ドル(4.8%)を圧倒している。チェコでも,ユーロ対価の取引(76.0%)がドル対価(40.6%)を上回っている。そのうち自国通貨取引では,ユーロのシェアは 65.8%であり,ドル(30.6%)を超えている(図表 5 - 11)[44]。二国のみの分析であるが,2007 年 4 月の調査でもユーロ圏諸国の銀行間外国為替市場の直物取引においてユーロの利用は高いものとなっている。つまり,ユーロ圏の外国為替市場においてユーロは為替媒介通貨として機能しているのである。

図表 5 - 12 ユーロ域諸国のユーロ未参加 EU 諸国との貿易における契約・決済の通貨別構成(2006 年第 1 四半期)

(単位:%)

		ユーロ	ドル	円	英ポンド	その他	合計
輸出	イタリア	68.5	19.8	n.a.	n.a.	11.7	100.0
	ルクセンブルク	73.7	4.1	0.4	15.6	6.1	100.0
	ポルトガル	68.3	15.8	0.0	13.6	2.4	100.0
	スペイン	72.2	12.6	0.1	13.5	1.7	100.0
	フランス	63.4	12.9	0.1	20.5	3.0	100.0
	ギリシャ	64.1	23.9	0.0	10.8	1.2	100.0
輸入	イタリア	71.8	23.5	n.a.	n.a.	4.7	100.0
	ルクセンブルク	73.1	10.1	0.0	13.4	3.5	100.0
	ポルトガル	79.1	14.5	0.0	5.3	1.1	100.0
	スペイン	76.1	19.2	0.2	3.9	0.5	100.0
	フランス	51.0	28.8	0.3	18.0	1.9	100.0
	ギリシャ	77.1	17.4	0.0	4.6	0.9	100.0

(注)フランスのデータは推計値。
(原資料)各国の中央銀行と国立統計局,ECB の推計。
(出所)European Central Bank [2007a], p. 37 より作成。

図表 5 − 13　非ユーロ域諸国の貿易に占めるユーロ建てシェア[1]

(単位：%)

		ユーロで契約した輸出			ユーロ域諸国への輸出		
		2003	2004	2005	2003	2004	2005
輸出	ユーロ未参加 EU 諸国						
	ブルガリア	61	62	60	47	45	49
	キプロス	30	32	39[3]	23	28	49
	チェコ[2]	70	73	72	63	62	59
	エストニア[2]	65	62	59	39	40	40
	ラトヴィア	42	48	53	30	24	24
	リトアニア	47	50	51	27	30	29
	ポーランド	65	69	70	58	56	54
	ルーマニア	64	66	64	60	58	53
	スロヴェニア	87	88	88	55	54	54
	EU 加盟候補国						
	クロアチア	72	69	71	52	49	45
	マケドニア旧ユーゴスラビア共和国	67	75	75	51	51	48
	トルコ	49	50	48	42	41	39

		ユーロで契約した輸入			ユーロ域諸国からの輸入		
		2003	2004	2005	2003	2004	2005
輸入	ユーロ未参加 EU 諸国						
	ブルガリア	63	64	60	44	43	40
	キプロス	45	53	58[3]	45	53	54
	チェコ[2]	68	71	71	55	56	53
	エストニア[2]	62	57	59	40	47	46
	ラトヴィア	50	53	59	39	34	34
	リトアニア	53	55	51	35	36	32
	ポーランド	60	62	60	53	52	58
	ルーマニア	68	71	71	53	51	48
	スロヴェニア	82	83	82	64	72	67
	EU 加盟候補国						
	クロアチア	78	78	74	51	49	46
	マケドニア旧ユーゴスラビア共和国	71	75	71	41	37	34
	トルコ	40	40	38	39	38	33

(注1) 総輸出入における割合。
(注2) 2004 年以降のデータ収集方法の変更のため，チェコとエストニアのデータはそれ以前のものと比較できない。
(注3) キプロスの 2005 年の輸出入のデータは 2006 年第1四半期。
(原資料) IMF と各国のデータ。クロアチア，トルコ，マケドニア旧ユーゴスラビア共和国のデータについてはそれぞれ，クロアチア国立銀行，トルコ外国貿易省の次官管轄部局，マケドニア共和国の国家統計局からのデータ提供。
(出所) European Central Bank [2007a]，pp. 38-39 より抜粋して作成。

図表 5-14 対外債券投資の資産残高の地域別通貨構成[1] (2005 年末)

	ドル		ユーロ		円		その他通貨		合計	
	100万ドル	%	100万ドル	%	100万ドル	%	100万ドル	%	100万ドル	%
ユーロ未参加EU諸国										
デンマーク	30,721	28	58,884	54	236	0	18,316	17	108,158	100
スウェーデン	29,261	30	48,461	49	1,392	1	18,883	19	97,997	100
キプロス	5,390	48	4,543	40	138	1	1,200	11	11,271	100
ポーランド	3,288	46	1,595	22	0	0	2,215	31	7,098	100
ブルガリア	375	49	365	48	0	0	28	4	768	100
ハンガリー	396	52	277	36	10	1	77	10	759	100
ルーマニア	1	0	549	100	0	0	0	0	550	100
EU近隣諸国										
スイス	74,082	20	143,113	39	5,373	1	147,129	40	369,696	100
イスラエル	13,513	75	2,424	13	20	0	2,076	12	18,033	100
ロシア	16,125	92	717	4	0	0	593	3	17,435	100
ウクライナ	1	16	4	83	0	0	0	1	5	100
アメリカ大陸諸国										
アメリカ	1,011,013	79	120,786	9	22,169	2	119,449	9	1,273,417	100
バハマ	19,738	100	0	0	0	0	0	0	19,738	100
メキシコ	5,323	94	195	3	0	0	148	3	5,665	100
コロンビア	4,105	89	45	1	0	0	480	10	4,630	100
ヴェネズエラ	2,497	76	14	0	0	0	764	23	3,276	100
ウルグアイ	1,733	97	47	3	0	0	6	0	1,786	100
コスタリカ	820	98	14	2	0	0	0	0	833	100
アジア諸国										
日本	756,350	44	336,985	20	448,441	26	164,539	10	1,706,315	100
韓国	26,764	90	2,246	8	480	2	262	1	29,751	100
マレーシア	2,018	90	57	3	10	0	146	7	2,231	100
タイ	1,686	89	152	8	34	2	19	1	1,891	100
インドネシア	714	66	3	0	0	0	359	33	1,075	100
インド	8	17	0	0	0	0	37	83	45	100
パキスタン	0	0	2	32	0	0	5	68	7	100

(注1) ユーロ域諸国を除く。地域と総資産の規模によって分類。
(原資料) IMF (CPIS: Coordinated Portfolio Investment Survey) と ECB の推計。
(出所) European Central Bank [2007a], p. 21 より抜粋して作成。

第5章 ヨーロッパにおける脱ドルの進展　123

図表5－15　国際債発行残高の地域別通貨構成（2006年第4四半期）[1,2]

	総残高 全通貨（10億ドル）	各通貨建て ドル %	ユーロ %	円 %	その他通貨 %
アフリカ諸国	22	57.6	35.3	6.8	0.3
アジア太平洋諸国	591	64.0	22.1	3.2	10.7
日本	65	50.0	39.8	n.a.	10.2
ヨーロッパ諸国	3,545	41.8	31.4	5.3	21.5
ユーロ域諸国	1,524	51.5	n.a.	7.9	40.6
Pre-Ins諸国	1,695	34.1	56.8	3.0	6.1
EU新規加盟諸国	88	10.3	77.7	5.5	6.4
EU未加盟先進ヨーロッパ諸国[3]	167	31.8	41.6	6.7	19.8
EU未加盟発展途上ヨーロッパ諸国	72	77.9	19.5	1.1	1.5
国際機関	575	30.9	28.9	5.4	34.8
ラテンアメリカ諸国	288	80.4	17.7	0.8	1.1
中東諸国	102	80.1	16.8	0.4	2.8
北アメリカ諸国	1,006	16.9	52.4	6.8	24.0
カナダ	244	69.6	14.6	3.4	12.5
アメリカ	762	n.a.	64.5	7.9	27.6
オフショア金融センター	1,101	61.0	23.0	8.3	7.8
合計	7,231	44.3	31.4	5.5	18.8

（注1）資金調達者＝債券発行者が居住する国の通貨以外の通貨による発行。すなわち自国通貨建てで発行を除いたもの。
（注2）全データとも2006年第4四半期の外国為替相場で表示である。
（注3）アイスランド、ノルウェー、スイス、ヨーロッパの極小国を含む。
（原資料）BISとECBの推計。
（出所）European Central Bank [2007a], p. 23より抜粋および一部加筆して作成。

第三は，非銀行民間レベルの契約・決済通貨と投資・調達通貨である。契約・決済通貨としてのユーロの利用はユーロ域諸国とユーロ未参加EU諸国との間の貿易において高まっている。ユーロ域諸国のユーロ未参加EU諸国との貿易における契約・決済の通貨別構成 (2006年第1四半期) を見ると，ユーロ建てのシェアは輸出の約6割から約7割，輸入では，フランスを除けば，約7割となっている (図表5－12)。これに対して，非ユーロ域諸国の貿易を見ると，ユーロ未参加EU諸国とEU加盟候補国の貿易では，2005年，国によってばらつきがあるものの，輸出と輸入ともに，約6割がユーロ建てとなっている。このユーロ建てシェアは，キプロスの輸出を除けば，対ユーロ域貿易のシェアを超えている。これは第三国間貿易においてユーロが契約・決済通貨として利用されていることを意味する[45] (図表5－13)。

　次は投資・調達通貨についてである。対外債券投資の資産残高の地域別通貨構成 (2005年末) を見ると，ユーロ未参加EU加盟国では，デンマーク，スウェーデン，キプロス，ブルガリアにおいてユーロ建てのシェアがドルのそれを超えるかまたはそれを少し下回る程度までになっている。またEU近隣諸国の中でも，スイスとウクライナではユーロ建てシェアがドル建てを超えている (図表5－14)。そして国際債発行残高の地域別通貨構成 (2006年第4四半期) を見ると，ヨーロッパ諸国全体ではドル建てのシェア (41.8%) がユーロ建て (31.4%) を凌いでいるものの，Pre-Ins諸国，EU新規加盟諸国，EU未加盟先進ヨーロッパ諸国におけるユーロ建てのシェアはドル建てを超えている (図表5－15)。

　本節では，国際通貨機能の三つのレベルから，地域的国際通貨ユーロの現状について見てきた。ユーロ圏の一部の諸国においてユーロは基準・介入通貨となっており，これがユーロ圏における準備通貨の地位向上に結びついている。そしてユーロは，ユーロ圏諸国の銀行間外国為替市場の直物取引において支配的な取引通貨となっており，ユーロ圏諸国において為替媒介通貨として機能している。また，ユーロ圏諸国の貿易においてユーロは主な契約・決済通貨とな

っており，さらには第三国貿易にも用いられている。加えて，ユーロは投資・調達通貨としてもユーロ圏諸国においてドルとともに利用されるようになっている[46]。

このような地域的国際通貨ユーロの地位の高まりは，将来的にアメリカの国際通貨国特権に限度を課す可能性がある[47]。なぜなら，岩田［2008］が重視するように，ユーロ域は「自国通貨建て借入」能力を高めつつあるためである。2005年末，ユーロ域内居住者の対外債券投資の残高2兆1,410億ユーロのうち，ユーロ建てが1兆620億ドルとなっており，残高全体におけるシェアは49.6％となっている。これに対して，ユーロ域内居住者に対する域外からの債券投資の残高は2兆5,940億ユーロである。そのうちユーロ建てが1兆7,100億ユーロであり，残高全体におけるシェアは65.9％まで達している[48]。つまり，ユーロ域は債券による対外借入の約3分の2をユーロ建てで行っているのである。加えて，ユーロ域とユーロ域外との間の銀行貸出と預金においてもユーロ建てシェアは高いものとなっている。ユーロ域外の銀行部門からユーロ域の非銀行部門に対する貸出においてユーロ建てシェアが54.2％である一方，ユーロ域外の非銀行部門からユーロ域の銀行部門に対する預金でもそのシェアは46.7％となっている[49]。このような「自国通貨建て借入」能力の高まりは，ユーロ域が自国通貨による国際収支赤字ファイナンス（負債決済）という特権を手に入れつつあることを示すものである[50]。

6．むすび

本章は，1980年代後半以降のヨーロッパにおける脱ドルの進展が，現在のドルを中心とする国際通貨システムにおいてどのように位置付けられるのかとともに，2000年代以降における地域的国際通貨ユーロの地位向上が，将来的にアメリカの国際通貨国特権にどのような影響を与えるのかについて見てきた。そこでは，次のことが明らかになった。

第一は，1980年代後半から90年代初頭にかけての「上から」と「下から」

の脱ドルの進展と99年のユーロ導入によって,ユーロ域内において脱ドルが完全に達成されたことである。これは,現在のドルを中心とする国際通貨システムの枠内の中に,ユーロ域という脱ドルを実現した通貨域が誕生したことであり,また,ユーロ域が国際通貨システムの一極を占めていることを示すものである。

第二は,2000年代以降の地域的国際通貨としてのユーロの地位の高まりによって,ユーロ域は自国通貨による国際収支赤字ファイナンスという特権を手に入れつつあることである。グローバルに見れば,国際通貨ドルの地位は依然として圧倒的である。このことから,ユーロ域およびユーロ圏はドル体制と並存するものではなく,その枠内に位置付けられる。しかし,ユーロ域が自国通貨による国際収支赤字ファイナンスという特権を獲得しつつあることは,将来的にアメリカの国際通貨国特権に限度を課す可能性がある。

注)

1) 第2章の注13)ですでに述べたように,この区別は田中［2003］,91ページによる。
2) EMSに関するサーベイ研究としては,Haldane［1991］;Giovannini［1992］;藤田［1992b］があげられる。
3) EMSの制度的な説明では,Ypersele and Koeune［1985］;岩本［1990］;田中［1996a］を主に参考にした。Ypersele and Koeune［1985］の邦訳書の巻末付録には,本章で取り上げた「EMS創設決議」と「加盟国中央銀行協定」を含めたEMS創設に関わる重要な公的文書が収録されている。EMS創設に関する歴史的研究としては島崎［1987］を参照。
4) 超短期ファイナンスの返済期限は介入が実施された月の月末から75日後である。その他,返済期限の長さに応じて,短期通貨支援（返済期限：3月後）,中期金融支援（返済期限2～5年後）が設けられている。EMSの信用供与制度については,岩本［1990］,16～19ページを参照。
5) 加盟国通貨の保有制限の規定は,無制限の信用供与制度を利用したマルク介入が西ドイツ国内の金融政策に影響を与えることに懸念を持っていたブンデスバンクの意向を反映したものである。「EC加盟国の中央銀行の間には1972年来,それら諸国の通貨での準備は,それぞれの中央銀行のはっきりとした承諾がない場合,支払い取引の清算を目的としてのみ比較的小さい額を限度として保有する

ことが許されるとの取決めがあり，結局この取決めによって，EC加盟国の外貨準備におけるマルク比率もまた低水準に維持されているのである」(Deutsche Bundesbank [1979] 邦訳，11ページ)。
6) EMSの介入方式における脱ドルの限界については，伊豆 [1992]，42〜44ページに依っている。
7) 岩本 [1990]，19ページ。
8) EMSの公的決済における脱ドルの限界については，岩本 [1990]，18〜19ページと滝沢 [1990]，137〜140，147ページに依っている。
9) 奥田 [1992]，69ページ。
10) 藤川 [1992]，112ページ。
11) EMS創設から1983年3月の間に行われた中心相場の変更回数は7回にのぼった。その後は減少し，87年1月から通貨危機の真只中であった92年9月まで変更はなかった。なお90年1月にイタリア・リラの中心相場の変更が行われたが，これはイタリアに認められていた拡大変動幅6％を2.25％に縮小することに伴う調整であった。
12) 外国為替市場介入におけるドイツとその他のEMS他加盟国との間の非対称性に関する研究としては，Russo and Tullio [1988]；Mastropasqua, Micossi and Rinaldi [1988]；Smaghi and Misconi [1990]；藤川 [1992]；高浜 [1995] があげられる。
13) Commission of the European Communities [1990] は，西ドイツがマルクの対ドル相場を決定し，その他のEMS加盟国は自国通貨の対マルク相場を管理するという「分業」が確立していたことを指摘している。「1980年代におけるEMSは中心国（西ドイツ：筆者）が自国のマネーサプライの方針を管理するのに対して，バイラテラルなレート（中心相場：筆者）が与えられたその他の諸国は中心国の金融スタンスを受け入れるという非対称的なシステムとして特徴付けられるだろう。EMSが非対称的に運営されていたことは，中心国が残余の世界に対して制度全体を『代表する』役割を果たす（ドル介入によって）一方で，外国為替市場介入のデータ（変動限度内介入の大部分がパートナーの国々によって行われた）において確認される」(p.182)。しかし，このような介入における「分業」が単純に成立していたわけではない。福田 [1995] は「ブンデスバンクのドル介入は対ドル相場と対ERM諸通貨相場の両者を睨みながら，かつ両者に制約されながらおこなわれ，また，フランス銀行の市場介入もマルク／フランのみならず，対ドル相場に対してもおこなわれていることを示唆している。つまり，実体は，ブンデスバンク＝『対ドル介入』，フランス銀行＝『対マルク介入』という単純な市場介入の分担が成立しているわけではない」(110ページ)と指摘している。また，井上 [1994] におけるロンドン市場でのヒアリング調査（1991年10月）でも同様の指摘が紹介されている。「市場介入といっても，対ドル相場を気にし

ての介入と，EMSに入っていればEMSの中での調整のための介入と2通りあると思います。ドルが強いとか弱いとかという状況の中で，米国連銀の動向を気にして協調介入をするような場合には当然ドル介入になっていると思います。EMSの中での調整のための介入については，ドル介入もあるし，EMS加盟通貨，特にマルクによる介入もあります」(152ページ)。

14) Deutsche Bundesbunk [1988] は次のように指摘している。「マルクのそうした機能は当初計画されていなかったけれども，1979年に設立されたEMS (1972年以降存在していたヨーロッパの各国通貨の為替変動幅をより狭くしようとする協定から発展したもの) 内で，マルクはその他の加盟国通貨に対する『安定アンカー』として作用し，基軸通貨の機能を果たした」(p.14)。EMSにおける非対称性に関する議論の代表的見解が「信認輸入仮説」である。「信認輸入仮説」は，西ドイツ以外の加盟国が非対称性を受け入れた主因として，高インフレであったこれら諸国が，自国通貨を通貨価値が安定したマルクにペッグさせることによって，物価安定を優先するブンデスバンクの持つ市場からの高い信認を「輸入」し，自国のインフレ低下を実現しようとしたことをあげている。代表的研究としては，Giavazzi and Pagano [1988]；Giavazzi and Giovannini [1989] があげられる。

15) この指摘は旧IMF下の固定相場制の実際の運営にも当てはまるものであった。例えば，小西 [1980] (完) と石見 [1991] を参照。

16) このことを指摘した研究としては，田中 [1991]，106～107ページ；伊豆 [1992]，54～58ページ；藤川 [1992]，146～150ページがあげられる。

17) 田中 [1991]，103ページ。

18) 伊豆 [1992] は Masera [1987] の見解を引用しながら，このことを指摘している (54ページ)。高浜 [1995] は，変動限度点介入と変動限度内介入がEMS加盟国のハイパワードマネーに与える影響について詳細に検討している。

19) この点が，ブンデスバンクのマルクの国際通貨化に対するスタンスを積極的なものに転換させた契機であった。「中央銀行にとって特に重要な短期の預金保有の制限はあまり効果がないことが明らかになった。なぜなら，とりわけユーロマルク市場が十分な額の投資対象を提供したためである。1972年の『通貨スネーク』で取り決められ，EMSで再び確約された参加国の通貨準備をできるだけ運転資金の規模に制限するという原則は，マルクの準備通貨化を抑える役割を実際にほとんど果たさなかった。このようなマルクの国際通貨化という事態に対して，できるだけ先見の明をもって，マルクの準備通貨としての地位に伴う危険に対処することが最も重要である」(Deutsche Bundesbunk [1990]，p.42)。ブンデスバンクの国際通貨化に対するスタンスの変容については大矢 [1993] を参照。

20) 田中 [1991]，102ページ。

21) 西欧諸国通貨国建ての域内ポートフォリオ投資の拡大の背景としては，域内資本移動の自由化もあげられる。これに関する研究としては，井上 [1994]，第

6章；岩田［1996a］，第5章を参照。
22) Group of Ten［1993］, p.11；IMF［1993］, pp.8-10.
23) Group of Ten［1993］によれば，1987年から91年にかけて，コンヴァージェンス取引は総額でおよそ3,000億ドルに達したとされている (p.10)。コンヴァージェンス取引の増大の結果，高金利諸国であったペリフェリ（周辺）諸国には経常収支赤字以上の外国資本が大規模に流入することになった。イタリアの場合，1990年，144億ドルの経常収支赤字に対して，その約2.9倍となる420億ドルの外国資本が流入した (IMF, *International Financial Statistics*, various issues より)。
24) 井上［1994］，第1章は，1960年代末から70年代半ばにかけての先進資本主義国の貿易の契約・決済通貨構成について明らかにしている。例えば，西欧諸国の輸出における自国通貨建て比率は次の通りであった。西ドイツ (1976年) とスイス (1977年) は輸出の80％以上，イギリス (1975年) は75.9％，フランス (1976年) とスウェーデン (1968年) は60％以上，オーストリア (1975年) とデンマーク (1976年) とオランダ (1976年) は50％以上，ベルギー (1976年) は約47.4％，イタリア (1976年) は39.1％であった（6〜7ページ）。
25) 機関投資家の域内資本移動の活発化による西欧諸国通貨の投資通貨化についての実証的研究としては，岩田［1996a］，第5章；岩田［1996b］があげられる。
26) 岩田［2007］，335ページ。井上［1994］，第6章第3節は，各国通貨当局の資料 (1989年と92年の調査) をもとに，ヨーロッパ諸国における対顧客外国為替取引の通貨別構成について明らかにしている。
27) ヨーロッパの外国為替市場における為替媒介通貨ドルの侵食とマルクの為替媒介通貨化については，すでに多くの研究によって明らかにされている。先駆的研究としては井上［1994］があげられる。その他には，山本［1994］，第4章；奥田［1996］，第5章；田中［1994］［1996c］も参照。これらの研究で明らかなように，マルク取引の増加が大きいのは直物取引のみであり，スワップ取引においてはドルの利用が圧倒的であった。なお，東京銀行フランクフルト支店によるヨーロッパの外国為替市場の調査 (1994年9月) によれば，欧州通貨間，そして欧州通貨と非欧州通貨の為替取引において，ドルが媒介通貨として利用される比率は0％であり，マルクの利用が100％となっていた。これに対して，非欧州通貨と非欧州通貨との為替取引においては，ドルの利用が99.1％，マルクの利用は0.9％であった（冨士・篠田・佐久間［1994］，81〜82ページ）。
28) 田中［1996c］によれば，BISの調査やヨーロッパでのヒアリング調査などから，マルクの為替媒介通貨化の起点は1990年秋頃と考えられる (239ページ)。また，井上［1994］，第5章は，マルクの為替媒介通貨化をヨーロッパでのヒアリング調査によって浮き彫りにしている。
29) マルクの国際通貨化に関する包括的な研究としては，上川［1992a］［1992b］；奥田［1992］；井上［1994］；第4章と第5章；山本［1994］，第4章；冨士・篠

田・佐久間［1994］；Tavlas［1991］があげられる。

30) これは，島野［1996］が指摘したように，ドイツ以外のEMS加盟国が「二重の非対称性」を受け入れざるを得ないことを示している。第一はアメリカとEMS全体との間の非対称性であり，第二はEMS内でのドイツとの間の非対称性である（171ページ）。

31) 1992年6月から12月にかけて，ヨーロッパの中央銀行（北欧諸国も含む）は総額で2,480億マルクのマルク売り（ネット）を行ったが，その内1,880億マルクがERM介入のためのものであった（Group of Ten［1993］, p.25)。

32) 田中［1996b］, 159ページ。

33) 1992年と1993年の欧州通貨危機をめぐる動きについては，Commission of the European Communities［1993］；IMF［1993］, Annex VI；Committee of Governors of the Central Bank of the Member States of the European Economic Community［1993］；Commission of the European Communities［1994］；田中［1996b］, 第3節と第4節を主に参考にした。

34) このようなコア諸国の金融政策は，マーストリヒト条約109m条の内容に沿ったものといえる。「(EMUの：筆者) 第三段階の開始にいたるまで，各加盟国は自国の為替相場政策を共通の利益の問題として取り扱う。その際，加盟国は欧州通貨制度（EMS）の枠組み内での協調において，またECUの発展において，獲得された経験を考慮し，かつ，この分野における既存の権限を尊重する」(金丸［1994］, 141ページ)。

35) 1995年の域内固定相場制の混乱は1995年から96年にかけてEUの総生産を2％引き下げたと推測され，これは当時ようやく不況から脱出しようとしていたEUの景気に大きな影響を与えることになった（Monti［1996］邦訳，192ページ]。

36) Commission of the European Communities［1995］は，為替相場の混乱への対応策として，単一通貨導入に必要とされる加盟国間の経済パフォーマンスの収斂をあげている。その中でも，インフレーションと財政赤字における収斂の重要性を重視している。

37) このような動きを受けて，1996年10月，フィンランドがERMに参加，96年11月にイタリアがERMに復帰，98年3月にはギリシャがERMに参加することになった。

38) ユーロ導入後，通貨統合参加国間の相互資金移動に伴う決済はTARGET（汎欧州即時グロス決済）システムによって行われることになった。TARGETはユーロ決済の統一的・多角的決済システムであり，① EU16カ国のRTGS（即時グロス決済）システム，② ECB（欧州中央銀行）の業務遂行のためのECB支払いシステム（EPM），③ これらをバイラテラル（双方的）に接続し合うインターリンキング・システムから構成されている。TAGERTシステムについては，大橋［1998］；奥田［2002］, 225〜232ページ；田中［2004］, 8〜10ページを参照。

2007年11月に稼動したTARGET2では，二国中央銀行のRTGS間のバイラテラルな接続がなくなり，いずれの中央銀行のRTGSも単一共有プラットフォームとの間のみで決済情報の送受信を行うようになった。太田［2006］は，TARGET2の稼動によって，TARGETが持っていた「分散型」システムがアメリカのFedwireと同様に「集中型」システムに転換すると捉えている。これに対して，ユーロ未参加EU諸国と通貨統合参加国との間の固定相場制度としてERM Ⅱが創設されている。ERM Ⅱでは，各国通貨の為替相場が対ユーロ中心相場から上下15％もしくは上下2.25％乖離した場合，無制限の介入が実施される。

39) 斎藤［2005］（下），61ページ。
40) 国際通貨ユーロに関する包括的な研究としては，田中［2003］；藤田［2003］；斎藤［2005］；岩田［2008］；Bertuch-Samuels［2006］；Papaioannou and Portes［2008］などがあげられる。ECBもユーロの国際的役割についての年次報告書において，その役割が地域性を持つことを繰り返し指摘している。
41) European Central Bank［2007a］, pp.40-41. ただし，ユーロ未参加EU諸国のうち，スウェーデン，イギリス，ポーランドは単独フロート制である。基準通貨ユーロの地位については斎藤［2003］を参照。
42) Ibid., p.51. ロシアはルーブル／ドルよりもかなり小規模ではあるが，ルーブル／ユーロ相場にも介入している。
43) ユーロ圏諸国の公的外貨準備におけるユーロのシェアを各国別に見ると，2005年6月，EU新規加盟国のラトビアは59％である一方，ブルガリアとリトアニアでは外貨準備のほぼ100％となっている。そしてEU近隣諸国では，アイスランドの40％からクロアチアの84％まで幅があるものの，ユーロのシェアはドルと同水準かそれを超えている。また，イギリスでもユーロのシェア（56％）はドル（31％）を超えている（European Central Bank［2007a］, p.46）。
44) ただし，デンマークとチェコともに，スワップ取引ではドルのシェアがユーロを超えている。
45) Ibid., p.38. 契約・決済通貨としてのユーロの地位についてはKamps［2006］を参照。
46) 地域的国際通貨ユーロの地位向上を反映して，ユーロ域外居住者保有のユーロ残高（ユーロ域の金融機関にユーロ域外居住者が保有するユーロ建て預金）は，1999年第1四半期から2007年第2四半期にかけて，1兆6,239億ユーロから3兆8,738億ユーロになり，約2.4倍の増加となった（European Central Bank, *Monthly Bulletin*, various issues より）。将来，ユーロ圏諸国がユーロを導入すれば，ユーロ域が拡大するのに対して，ユーロを主要な国際通貨として使用するユーロ圏自体は縮小することになる。田中［2002］はこれを「国際通貨ユーロの逆説」と呼んでいる（185ページ）。そして上川［2002］は，国際通貨としての側面と共通通貨としての側面の両面を考慮に入れて，真の「国際化」の進展度をみ

るという新たな手法が，ユーロの場合には求められていると主張している。
47) European Central Bank [2001] はユーロの国際化のメリットとしてシニョレッジの獲得，国際収支ファイナンスの容易化，正のネットワーク外部性や競争力向上による国内金融市場の効率性の改善をあげている。これに対して，デメリットとしてはマクロ経済政策一般，特に金融政策の実施についての不確実性の高まりをあげている。また，ECBはユーロの国際化を独立した政策目標としては掲げず，それに対しては促進も妨げもしないという中立的な立場を採っている (pp.22-23)。
48) European Central Bank [2007a], p.20.
49) Ibid., pp.24-29. ユーロ域による「自国通貨建て借入」能力の高まりについては，岩田 [2008]，123～124ページを参考にした。
50) もちろん，ユーロ域には，アメリカのように，国際通貨国特権の下，国際収支節度を大きく喪失するという構造がビルトインされているのではない。これは，ユーロ域の金融政策・財政政策のスタンスに現れている。ECBの金融政策の主要な目標は物価の安定であり，HICP（総合消費者物価指数）上昇率（ユーロ域内平均値）を前年比で2％以内に抑えることを目指している。他方，財政政策については，各国独自に運営しているが，財政節度を維持することを内容とする経済安定・成長協定（SGP）によって，ユーロ参加国の財政運営に制約が課されている。

第6章　東アジアにおける脱ドルの進展

1．はじめに

　第5章では，1980年代後半以降のヨーロッパにおける脱ドルの進展についての分析を行った。そこでは，ユーロ域は国際通貨システムの一極を占める一方，地域的国際通貨ユーロの地位向上を背景として，自国通貨による国際収支赤字ファイナンスという特権を獲得しつつあることが明らかになった。

　このようなヨーロッパの状況に対して，東アジアはどうなっているのであろうか。実体経済面において，1980年代後半以降，東アジア経済は輸出主導型の高度経済成長を実現する一方，とりわけ90年代末以降，域内貿易を拡大させてきた。そして，通貨金融面では，90年代末以降，東アジア域内通貨金融協力が進展している。

　本章では，次の二つの課題について明らかにする。第一は，東アジアにおける域内貿易の拡大が域内における脱ドルに結びついているのかについてである。そこでは，国際通貨機能の三つのレベル（公的レベル，銀行間外国為替市場レベル，非銀行民間レベル）から，東アジアにおける国際通貨の実態についての分析を行う。第二は，東アジア域内通貨金融協力の進展が将来的に域内における脱ドルを促すのかについてである。その際，公的レベルの国際通貨機能および非銀行民間レベルの国際通貨機能の視点から，域内通貨金融協力の進展が「上から」と「下から」の脱ドルを促す可能性について見ていく。

2．東アジアにおける域内貿易の拡大

　1980年代後半以降，東アジア経済は輸出主導型の高度経済成長を実現する

一方，域内貿易を拡大させている。80年に35.7％であった域内貿易比率は，90年代半ばには50％を超えた。その後，アジア通貨危機の影響で97年と98年に50％を割ったものの，90年末以降，再び増加傾向に転じ，2005年には55.8％に達している。これに対して，その他の地域における域内貿易比率は，2005年，EU25ヵ国が62.1％，NAFTAが43.0％となっている。このように東アジアの域内貿易の水準はNAFTAを超えるものであり，EU25ヵ国のそれに近づきつつある（図表6－1）。

東アジア諸国における域内貿易比率の高まりの背景としては，経済産業省［2005］が指摘する「三角貿易」構造があげられる。「三角貿易」構造は，主に日本・NIEsが中間財を生産し，中国・ASEANが中間財を輸入して最終消費財に組立て，それを最終消費地であるアメリカ・EU・日本等に輸出するという貿易構造である。この「三角貿易」構造は，労働集約的な工程を賃金が比較的安い地域で行うという東アジア事業ネットワークの特徴を反映したもので

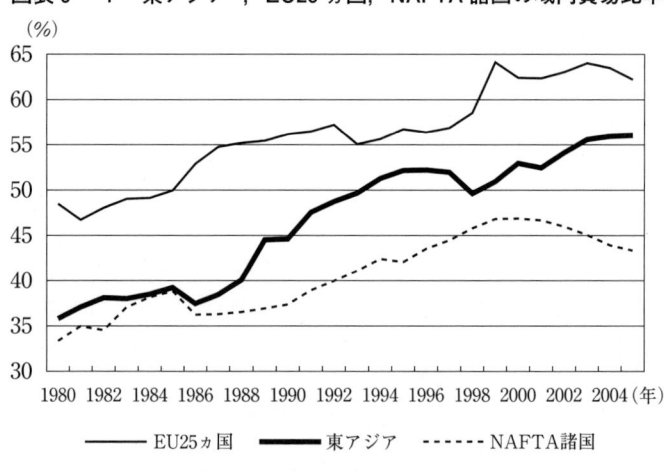

図表6－1　東アジア[1]，EU25ヵ国，NAFTA諸国の域内貿易比率

（注1）東アジアは台湾と香港も含む。
（原資料）IMF, *Direction of Trade Statistics*, various issues.
（出所）経済産業省［2007］，98ページより作成。

ある。[1]

「三角貿易」構造は東アジアの貿易構造に次のような影響をもたらしている。第一は，域内において中間財貿易が増加し，これは域内貿易を拡大させていることである。[2] 域内貿易に占める中間財のシェアは1980年の42%から2005年の60%に高まっており，中間財貿易が域内貿易を拡大させていることがわかる。[3] 第二は，「三角貿易」構造の下，最終消費財を域外に輸出することによって，域外貿易も増加させていることである。東アジアの最終財輸出仕向地を見ると，2005年，東アジアが34.0%，アメリカが31.7%，EU25ヵ国が22.6%，アメリカが31.7%，その他が11.7%となっており，東アジアは最終消費地として域外諸国に依存している。[4] このように，80年代後半，とりわけ90年代末以降，「三角貿易」構造の下，東アジアは，域外輸出に依存しつつも，中間財貿易の高まりを通じて，域内貿易を拡大させているのである。

第5章で明らかにしたように，ヨーロッパでは，すでに1970年代から，域内貿易が拡大する一方，自国通貨建て貿易も高まっていた。これによって，西欧諸国通貨は域内で契約・決済通貨として用いられ，非銀行民間レベルの国際通貨機能における脱ドルが進展することになった。本節で見たように，80年代後半，とりわけ90年代末以降，東アジアでも域内貿易が拡大している。これは東アジア諸国における自国通貨建て貿易の高まりを伴うことによって，非銀行民間レベルの国際通貨機能における脱ドルをもたらしているのであろうか。さらに，それは銀行間外国為替市場レベルと公的レベルの国際通貨機能における脱ドルに結びついているのであろうか。次節では，東アジアにおける国際通貨の実態の分析を通じて，東アジアの脱ドルの現状について明らかにしよう。

3．東アジアにおける国際通貨

(1) 非銀行民間レベル

東アジア諸国の貿易における建値通貨の構成を見ると，日本とASEANの一部の諸国を除けば，輸出の約8割から9割，輸入の7割から8割がドル建て

図表 6 － 2　東アジア諸国の貿易における建値通貨の構成

(単位：％)

	調査年	輸出					輸入				
		自国通貨	ドル	円	ユーロ	シンガポールドル	自国通貨	ドル	円	ユーロ	シンガポールドル
日本	2007年下半期	38.7	49.3	n.a.	8.4	n.a.	20.9	73.5	n.a.	4.0	n.a.
韓国[1]	2003年	0.2	84.6	5.3	7.6	n.a.	n.a.	78.3	14.0	6.1	n.a.
タイ	2006年	6.9	81.7	6.1	2.8	0.4	4.7	79.2	9.7	3.5	0.6
マレーシア[2,3]	1996年	17.8	66.0	6.8	2.8	3.5	n.a.	n.a.	n.a.	n.a.	n.a.
	2000年	n.a.	90.0	n.a.	n.a.	n.a.	n.a.	n.a.	n.a.	n.a.	n.a.
インドネシア[4]	2007年	0.7	93.2	1.5	1.8	2.0	1.0	83.6	4.1	4.3	4.9

(注1) 韓国の輸出の自国通貨建ては2002年のデータである。
(注2) マレーシアの1996年のデータは貿易全体における通貨建て構成である。そのため，輸出と輸入の両方を含んでいる。
(注3) マレーシアの1996年のユーロ建てのデータはマルク建てである。
(注4) インドネシアのデータは石油とガスの輸出入を含まない。
(出所) Ngiam [2002]，p.5；Goldberg [2005]，p.20；Seong-Hum [2005]，pp.84-86；Kamps [2006]，pp.46-47；財務省 [2008]；インドネシア中央銀行ウェブサイト；タイ中央銀行ウェブサイトより抜粋して作成。

となっており，東アジア諸国の貿易の大部分は自国通貨建てではなくドル建てで行われている（図表6－2）。次に各国・地域別貿易における通貨建て構成を公表している日本とタイの貿易について見てみよう。日本の貿易における地域別建値通貨構成（2007年下半期）を見ると，対アジア貿易と対EU貿易においてドル以外の通貨建てのシェアが高いものとなっている。対アジア貿易では，輸入においてドルのシェア（72.2％）が円（26.2％）を大きく超えているが，輸出はドルのシェア（49.6％）と円（48.6％）が拮抗している。そして，対アジア貿易においてタイ・バーツ，台湾ドル，韓国ウォン，香港ドルといった円以外の東アジア建て貿易も存在するが，その規模は非常に小さい（図表6－3）。

次に，タイの貿易における地域別建値通貨構成（2006年）を見ると，ほとんどの国・地域においてドル建てのシェアが最大であるものの，対日貿易と対EU貿易ではドル以外の通貨建てのシェアが大きなものとなっている[5]。特に対日貿易では，輸出がドル建てのシェア（58.7％）が円建て（32.3％）を超えているものの，輸入はドル建てのシェア（46.8％）と円建てのシェア（44.1％）が拮抗しており，円建てがかなりの規模に達している。そして，自国通貨であるバ

図表 6 − 3　日本の貿易における地域別建値通貨構成（2007 年下半期）

(単位：％)

				輸出			
世界	通貨名	ドル	円	ユーロ	英ポンド	オーストラリアドル	その他
	比率	49.3	38.7	8.4	0.8	0.7	2.1
アメリカ	通貨名	ドル	円	ユーロ	カナダドル	英ポンド	その他
	比率	88.3	11.5	0.2	0.0	0.0	0.0
EU	通貨名	ユーロ	円	ドル	英ポンド	スウェーデンクローネ	その他
	比率	54.5	27.4	12.4	5.4	0.2	0.1
アジア	通貨名	ドル	円	タイバーツ	台湾ドル	韓国ウォン	その他
	比率	49.6	48.6	0.5	0.3	0.3	0.7

				輸入			
世界	通貨名	ドル	円	ユーロ	英ポンド	スイスフラン	その他
	比率	73.5	20.9	4.0	0.4	0.3	0.9
アメリカ	通貨名	ドル	円	ユーロ	インドルピー	スイスフラン	その他
	比率	78.9	20.2	0.6	0.1	0.1	0.1
EU	通貨名	円	ユーロ	ドル	英ポンド	スイスフラン	その他
	比率	47.7	35.1	13.2	2.9	0.4	0.7
アジア	通貨名	ドル	円	タイバーツ	ユーロ	香港ドル	その他
	比率	72.2	26.2	0.5	0.4	0.2	0.5

(注 1) 比率は金額比率。
(注 2) 貿易統計上データのうち，貿易取引通貨が判明するデータにより作成。
(出所) 財務省 [2008] を一部修正して作成。

ーツ建ても対 ASEAN 貿易，対日貿易，対 EU 貿易において一定の規模に達している。特に，対 ASEAN 貿易の中では，輸出はブルネイ，カンボジア，ラオス，ミャンマーにおいてバーツ建てがドル建てを超えるかまたは少し下回る規模になる一方，輸入では，バーツ建てはカンボジアにおいて約 8 割，ラオスでも約 3 割となっている（図表 6 − 4）。このように，バーツ建て貿易は ASEAN の一部諸国においてかなりの規模に達していることがわかる。

　以上で見たように，東アジア諸国の貿易では，日本の対アジア貿易とタイの対 ASEAN 貿易の一部において自国通貨建て比率が一定の規模に達しているが，東アジア諸国の貿易の大部分はドル建てである。つまり，東アジア全体で見れば，自国通貨建て貿易は低水準であり，東アジアにおける契約・決済通貨は依然としてドルなのである。

　次に，東アジア域内における資本移動の現状を明らかにした Chu, Mo,

図表6－4　タイの貿易における地域別建値通貨構成（2006年）

				輸出			
日　本	ドル	円	タイバーツ	その他通貨			合計
	58.7	32.3	8.5	0.5			100.0
ASEAN諸国	ドル	円	タイバーツ	シンガポールドル	マレーシアリンギット	その他通貨	合計
シンガポール	91.8	1.2	3.2	3.5	0.1	0.2	100.0
インドネシア	83.9	2.0	11.2	0.1	0.0	2.8	100.0
フィリピン	88.9	2.0	6.1	1.7	0.0	1.3	100.0
マレーシア	87.1	1.1	8.5	0.2	2.8	0.3	100.0
ブルネイ	49.5	1.9	36.6	9.8	0.0	2.2	100.0
カンボジア	56.8	0.1	42.7	0.1	0.0	0.3	100.0
ラオス	39.4	0.0	60.4	0.0	0.0	0.2	100.0
ミャンマー	42.3	0.4	55.6	0.4	0.1	1.2	100.0
ベトナム	91.2	0.9	6.5	0.1	0.0	1.3	100.0
アメリカ	ドル	円	タイバーツ	カナダドル	その他通貨		合計
	96.1	0.8	2.9	0.0	0.2		100.0
EU諸国	ドル	英ポンド	スイスフラン	タイバーツ	ユーロ	その他通貨	合計
ベルギー	70.2	0.0	0.0	11.6	14.2	4.0	100.0
デンマーク	51.9	0.0	0.0	14.6	27.6	5.9	100.0
フランス	67.5	0.0	0.0	7.9	22.2	2.4	100.0
ドイツ	65.3	0.0	0.2	6.3	27.1	1.1	100.0
ギリシャ	46.4	0.0	0.0	17.9	28.2	7.5	100.0
アイルランド	93.5	1.2	0.0	1.2	3.6	0.5	100.0
イタリア	64.0	0.0	0.0	2.9	30.8	2.3	100.0
ルクセンブルク	27.1	0.0	0.0	0.1	69.7	3.1	100.0
オランダ	88.3	0.0	0.0	3.8	7.1	0.8	100.0
ポルトガル	42.6	0.0	0.0	7.4	46.9	3.1	100.0
スペイン	61.8	0.0	0.0	8.1	28.8	1.3	100.0
イギリス	66.4	13.2	0.0	8.0	11.8	0.6	100.0
オーストリア	63.2	0.0	0.1	8.7	26.9	1.1	100.0
スウェーデン	66.1	0.0	0.0	10.1	12.9	10.9	100.0
フィンランド	84.6	0.0	0.0	6.1	8.0	1.3	100.0

（原資料）タイ税関。
（出所）タイ中央銀行ウェブサイトより抜粋して作成。

(単位：％)

	輸入						
日　本	ドル	円	タイバーツ	その他通貨			合計
	46.8	44.1	8.4	0.7			100.0
ASEAN 諸国	ドル	円	タイバーツ	シンガポールドル	マレーシアリンギット	その他通貨	合計
シンガポール	87.7	0.7	4.9	5.8	0.3	0.6	100.0
インドネシア	90.3	0.8	6.2	1.2	0.0	1.5	100.0
フィリピン	85.6	6.4	7.6	0.3	0.0	0.1	100.0
マレーシア	87.6	0.7	4.4	0.5	6.3	0.5	100.0
ブルネイ	99.8	0.0	0.0	0.0	0.0	0.2	100.0
カンボジア	17.4	0.4	81.9	0.1	0.0	0.2	100.0
ラオス	62.3	0.0	28.7	0.0	9.0	0.0	100.0
ミャンマー	92.1	0.0	7.5	0.0	0.0	0.4	100.0
ベトナム	95.2	2.6	1.8	0.1	0.0	0.3	100.0
アメリカ	ドル	円	タイバーツ	カナダドル	その他通貨		合計
	95.4	0.3	2.6	0.0	1.7		100.0
EU 諸国	ドル	英ポンド	スイスフラン	タイバーツ	ユーロ	その他通貨	合計
ベルギー	72.7	0.1	0.1	5.3	20.9	0.9	100.0
デンマーク	37.0	0.2	0.0	22.7	20.5	19.6	100.0
フランス	62.6	0.3	1.1	6.9	28.4	0.7	100.0
ドイツ	33.3	0.3	3.0	7.1	54.4	1.9	100.0
ギリシャ	71.8	0.0	0.0	5.8	19.1	3.3	100.0
アイルランド	64.5	0.4	0.0	23.7	10.1	1.3	100.0
イタリア	49.6	0.9	1.2	3.2	43.3	1.8	100.0
ルクセンブルク	58.1	0.0	0.0	2.3	37.2	2.4	100.0
オランダ	60.0	0.1	1.2	2.3	33.9	2.5	100.0
ポルトガル	68.9	0.3	0.0	0.7	29.9	0.2	100.0
スペイン	56.4	0.2	0.5	3.7	37.6	1.6	100.0
イギリス	58.7	26.5	0.0	8.5	4.6	1.7	100.0
オーストリア	30.3	0.1	0.5	1.1	66.5	1.5	100.0
スウェーデン	53.4	0.1	0.4	15.5	19.7	10.9	100.0
フィンランド	81.7	0.1	0.0	0.9	16.4	0.9	100.0

Wong and Lim［2006］に依りながら，東アジア域内における投資・調達通貨の実態について見てみる。東アジア8ヵ国によるクロスボーダー・ポートフォリオ投資の地域別内訳では，2004年，東アジア10ヵ国向けのシェアはわずか5.9％（日本を除いたシェアは17.4％）であり，EU15ヵ国向けが35.8％（日本を除いたシェアは30.4％），アメリカ向けが30.5％（日本を除いたシェアは17.4％）となっている。2004年のEU15ヵ国による域内投資が64.1％であることからも，東アジア諸国による域内投資は非常に低調であり，東アジア諸国の対外投資の大部分が域外向けとなっている（図表6－5）。これに対して，東アジア10ヵ国に対するクロスボーダーのポートフォリオ投資の地域別内訳を見ると，2004年，EU15ヵ国からのシェアが38.7％（日本を除いたシェアは35.4％），アメリカからが37.4％（日本を除いたシェアは35.0％）であるのに対して，東アジア8ヵ国からは9.9％（日本を除いたシェアは17.3％）に過ぎない。2004年のEU15ヵ国に対する域内からの投資が62.9％であることからも，東アジア諸国の域内資金に対する依存は非常に低いものにとどまっている（図表6－6）。このように東アジアの資本移動は，対外投資と対内投資ともに，域内よりもEUとアメリカといった域外との結びつきが強いものとなっている[6]。このことから，東アジア諸国通貨建ての域内資本移動は低水準であると考えられる。

　他方，国際債市場（主にユーロ債市場）における東アジア銘柄の多くは，東アジア域内の投資家によって購入されている。2002年から2005年にかけて発行された東アジア銘柄の国際債178銘柄のうち，55.7％が東アジア域内の投資家によって消化されていた[7]。これは，ユーロ債市場という東アジアから見ると外部的な資金仲介チャンネルを迂回・経由して，東アジアに源泉を持つ投資資金が東アジアの発行体の資金調達のために投下されていることを示している[8]。そして，東アジア銘柄の国際債の大部分はドル建てまたはユーロ建てによる発行となっているようである[9]。このように，国際債市場における東アジア銘柄の域内の投資家による消化が大きなものとなっているが，その大部分はドル建てまたはユーロ建てによる発行である。つまり，東アジアにおける投資・調達通

第6章　東アジアにおける脱ドルの進展

図表6-5　東アジア8ヵ国によるクロスボーダー・ポートフォリオ投資の地域別内訳

(単位：％)

	東アジア10ヵ国[1]				EU15ヵ国[2]				アメリカ			
	2001	2002	2003	2004	2001	2002	2003	2004	2001	2002	2003	2004
日　　　本	1.7	1.4	1.3	1.4	38.6	37.9	37.3	37.5	38.0	35.8	36.0	34.6
香　　　港	15.7	14.4	17.2	16.7	25.0	30.1	29.2	29.6	19.1	15.2	13.9	14.9
韓　　　国	21.4	13.8	8.0	7.3	14.7	15.3	26.4	32.5	46.8	49.6	45.9	44.9
シンガポール	31.0	22.9	26.1	31.2	32.0	40.2	36.6	32.5	17.1	17.4	17.6	17.6
インドネシア	21.3	10.6	11.2	7.2	30.0	34.2	16.0	29.4	34.7	29.9	24.9	15.1
マレーシア	35.0	31.2	42.3	25.6	24.0	11.4	23.6	40.9	9.1	15.7	21.5	14.7
フィリピン	5.8	7.0	7.4	4.4	3.5	8.6	18.9	17.4	86.4	81.3	68.9	64.1
タ　　　イ	30.7	3.9	6.7	23.1	25.0	8.6	22.1	22.9	35.4	76.6	58.5	27.7
東アジア8ヵ国平均	5.5	4.8	5.5	5.9	36.2	36.8	35.8	35.8	34.3	31.9	31.6	30.5
東アジア8ヵ国平均（日本を除く）	14.8	13.7	16.3	17.4	26.9	32.5	31.0	30.4	19.6	17.7	16.8	17.4
参考：EU15ヵ国平均	5.3	3.9	4.6	5.1	60.0	62.5	63.7	64.1	20.3	18.4	17.5	16.6

(注1) 東アジア10ヵ国は、上記8ヵ国に中国と台湾を加えたもの。
(注2) EU15ヵ国は、オーストリア、ベルギー、デンマーク、フィンランド、フランス、ドイツ、ギリシャ、アイルランド、イタリア、ルクセンブルク、オランダ、ポルトガル、スペイン、スウェーデン、イギリスを含む。
(原資料) IMF.
(出所) Chu, Mo, Wong and Lim [2006], p.7 より作成。

図表6-6 東アジア10ヵ国に対するクロスボーダー・ポートフォリオ投資の地域別内訳

(単位:%)

	東アジア8ヵ国[1]				EU15ヵ国[2]				アメリカ			
	2001	2002	2003	2004	2001	2002	2003	2004	2001	2002	2003	2004
中　　国	57.8	49.0	45.8	52.8	22.2	22.3	24.2	24.1	14.8	21.7	25.4	19.0
日　　本	3.7	2.5	2.2	2.0	37.1	36.3	37.4	40.9	36.5	38.2	39.9	39.0
香　　港	12.0	13.3	12.9	14.8	45.6	37.1	38.0	44.6	33.1	34.1	34.5	29.8
韓　　国	18.5	19.6	17.3	14.7	29.7	30.8	33.9	33.8	44.9	43.8	42.7	44.6
シンガポール	11.1	16.8	16.7	16.5	34.3	27.6	29.0	32.6	45.0	46.8	45.1	42.6
台　　湾	9.6	23.7	9.4	8.7	34.8	28.9	39.7	40.8	48.3	38.5	45.6	46.0
インドネシア	21.1	27.8	15.9	15.0	28.6	9.1	24.4	25.5	33.2	31.4	27.3	28.5
マレーシア	54.5	53.6	45.8	48.0	21.7	14.8	27.5	29.6	18.9	28.0	22.6	19.4
フィリピン	32.9	30.4	20.4	19.3	19.7	16.6	40.0	39.6	31.6	40.9	30.1	33.2
タ　　イ	39.7	36.1	30.6	27.1	32.1	32.1	35.2	40.3	22.5	25.5	27.1	27.4
東アジア10ヵ国平均	10.2	10.5	9.9	9.9	36.0	33.5	35.7	38.7	36.7	37.9	38.5	37.4
東アジア10ヵ国平均（日本を除く）	14.2	17.5	16.7	17.3	34.2	28.7	33.4	35.4	36.9	37.5	36.4	35.0
参考：EU15ヵ国平均	9.3	9.0	8.0	7.7	57.1	60.2	61.4	62.9	19.1	15.6	15.4	14.4

(注1) 東アジア8ヵ国は、図表6－5と同様である。
(注2) EU15ヵ国は、図表6－5と同様である。
(原資料) IMF.
(出所) Chu, Mo, Wong and Lim [2006], p.10 より作成。

第6章　東アジアにおける脱ドルの進展　143

図表6－7　東アジア主要国の外国為替市場における取引通貨構成[1]

(単位：100万ドル)

		全通貨	シェア	ドル対価の取引	シェア	ドル以外の通貨同士の取引	シェア	ユーロ対価の取引	シェア	円対価の取引[2]	シェア
日本	2001年4月	146,780	100.0%	135,069	92.0%	11,711	8.0%	6,564	4.5%	1,849	1.3%
	2004年4月	198,870	100.0%	177,214	89.1%	21,656	10.9%	15,595	7.8%	5,546	2.8%
	2007年4月	238,425	100.0%	201,647	84.6%	36,778	15.4%	17,805	7.5%	16,651	7.0%
シンガポール	2001年4月	100,655	100.0%	95,907	95.3%	4,748	4.7%	2,848	2.8%	53	0.1%
	2004年4月	125,269	100.0%	118,678	94.7%	6,591	5.3%	4,964	4.0%	106	0.1%
	2007年4月	230,555	100.0%	203,483	88.3%	27,072	11.7%	14,795	6.4%	7,592	3.3%
香港	2001年4月	66,823	100.0%	64,618	96.7%	2,205	3.3%	1,302	1.9%	n.a.	n.a.
	2004年4月	102,162	100.0%	95,971	93.9%	6,191	6.1%	3,954	3.9%	n.a.	n.a.
	2007年4月	174,625	100.0%	167,764	96.1%	6,861	3.9%	2,195	1.3%	n.a.	n.a.
韓国	2001年4月	9,597	100.0%	9,473	98.7%	124	1.3%	37	0.4%	57	0.6%
	2004年4月	19,808	100.0%	19,367	97.8%	441	2.2%	142	0.7%	250	1.3%
	2007年4月	33,396	100.0%	30,735	92.0%	2,661	8.0%	430	1.3%	2,032	6.1%
台湾	2001年4月	4,327	100.0%	4,097	94.7%	230	5.3%	123	2.8%	56	1.3%
	2004年4月	8,273	100.0%	7,967	96.3%	306	3.7%	156	1.9%	65	0.8%
	2007年4月	14,566	100.0%	13,782	94.6%	784	5.4%	446	3.1%	194	1.3%
タイ	2001年4月	1,896	100.0%	1,828	96.4%	68	3.6%	31	1.6%	22	1.2%
	2004年4月	2,869	100.0%	2,676	93.3%	193	6.7%	54	1.9%	106	3.7%
	2007年4月	6,171	100.0%	5,828	94.4%	343	5.6%	100	1.6%	184	3.0%
マレーシア	2001年4月	1,248	100.0%	1,209	96.9%	39	3.1%	17	1.4%	11	0.9%
	2004年4月	1,612	100.0%	1,537	95.3%	75	4.7%	40	2.5%	15	0.9%
	2007年4月	3,417	100.0%	3,318	97.1%	99	2.9%	49	1.4%	27	0.8%
インドネシア	2001年4月	3,857	100.0%	3,051	79.1%	806	20.9%	22	0.6%	3	0.1%
	2004年4月	2,301	100.0%	2,252	97.9%	49	2.1%	29	1.3%	6	0.3%
	2007年4月	2,809	100.0%	2,612	93.0%	197	7.0%	109	3.9%	68	2.4%
フィリピン	2001年4月	1,061	100.0%	1,056	99.5%	5	0.5%	1	0.1%	n.a.	n.a.
	2004年4月	671	100.0%	668	99.6%	3	0.4%	2	0.3%	n.a.	n.a.
	2007年4月	2,320	100.0%	2,302	99.2%	18	0.8%	12	0.5%	4	0.2%
中国	2001年4月	n.a.	n.a.	n.a.	n.a.	n.a.	n.a.	n.a.	n.a.	n.a.	n.a.
	2004年4月	614	100.0%	600	97.7%	14	2.3%	2	0.3%	n.a.	n.a.
	2007年4月	9,288	100.0%	9,153	98.5%	135	1.5%	21	0.2%	3	0.0%

(注1) それぞれの年の4月の1営業日平均総取引高。
(注2) 円対ユーロを除く。
(出所) BIS [2002]. Statistical Annex Tables, Table E-4,5,6,7；BIS [2005]. Statistical Annex Tables, Table E-4,5,6,7；BIS [2007]. Statistical Annex Tables, Table E-4,5,6,7. より作成。

貨はドルやユーロといった先進主要国通貨である。

(2) 銀行間外国為替市場レベル

東アジア諸国の外国為替市場における取引通貨構成を見ると，次のような特徴があげられる。第一は，ドル対価の取引のシェアが圧倒的である。2007年4月，ドル対価の取引のシェアは香港，韓国，台湾，タイ，マレーシア，インドネシア，フィリピン，中国で90％を超える一方，日本とシンガポールでも80％台となっている。第二は，日本とシンガポールでは，ドル以外の通貨同士の取引が増加している。そのシェアは，日本では2004年4月の調査と2007年4月の調査の間に，10.9％から15.4％に上昇する一方，シンガポールでも同時期に5.3％から11.7％に高まっている（図表6－7）。

東アジアの大部分の諸国では銀行間外国為替市場の実態について把握することができないが，ここではBISの調査と各国の公表資料に依りながら，東アジアの三大国際金融市場である日本，シンガポール，香港について見ていこう。[10]

日本は銀行間外国為替市場における取引通貨別構成についての情報を公表しており，2007年4月の調査では次のような特徴が見られる。第一は，ドル対価の取引（89.8％）が最大である。第二は，直物取引におけるドル以外の通貨

図表6－8　日本の銀行間外国為替市場における取引通貨構成（2007年4月）[1]

取引種類	全通貨		ドル対価の取引						ドル以外の通貨同士	
					円対ドル		ドル対その他通貨			
		シェア		シェア		シェア		シェア		シェア
全取引	175,188.2	100.0%	157,231.6	89.8%	104,933.4	59.9%	52,298.2	29.9%	17,956.6	10.2%
直物取引	76,502.3	100.0%	63,943.1	83.6%	47,692.9	62.3%	16,250.2	21.2%	12,559.2	16.4%
スワップ取引	89,580.2	100.0%	85,851.0	95.8%	54,633.2	61.0%	31,217.8	34.8%	3,729.3	4.2%

（注1）4月の1営業日平均総取引高。
（注2）欧州諸国通貨には，ユーロ，英ポンド，スイス・フラン，スウェーデン・クローナが含まれる。
（注3）その他先進諸国通貨には，カナダ・ドルとオーストラリア・ドルが含まれる。
（注4）円対ユーロを除く。
（出所）日本銀行［2007］，表A1, A2, A3より作成。本図表の作成に関しては井上［1999］，321ページを参考にした。

同士の取引のシェア（16.4％）が高いものとなっている。第三は，直物取引におけるドル以外の通貨同士の取引の中心が円対価（12.0％）となっており，その円対価の主な相手は欧州諸国通貨（8.6％）を中心とする先進諸国通貨である（図表6－8）。つまり，日本の銀行間外国為替市場ではドル対価の取引が最大であるものの，直物取引において円対価を中心にドル以外の通貨同士の取引が増加している。しかし，その主な相手国通貨は欧州諸国通貨を中心とする先進諸国通貨である。このことから，東アジア通貨同士の直接取引は皆無であると考えられる[11]。

　シンガポールは外国為替取引を銀行間取引と対顧客取引に区分していないが，取引種別についての情報は公表しており，2007年4月の調査では次のような特徴があげられる。第一は，ドル対価の取引（87.5％）が圧倒的である[12]。第二は，日本と同様，直物取引におけるドル以外の通貨同士の取引のシェア（24.8％）が高いものとなっている。第三は，直物取引におけるドル以外の通貨同士の取引の中心は自国通貨であるシンガポール・ドル（1.1％）ではなく，ユーロ，円，英ポンドといった先進諸国通貨間の取引を含む「その他」（23.7％）である。「その他」のうちで最もシェアが大きい「その他通貨」（12.2％）の内訳は明らかではないが，ここで東アジア通貨同士の直接取引が大きなものとなっているとは

（単位：100万ドル）

円対価の取引		対欧州諸国通貨[2]		対その他先進諸国通貨[3]		対その他通貨		ユーロ対価の取引[4]		その他	
	シェア		シェア		シェア		シェア		シェア		シェア
12,631.2	7.2％	9165.3	5.2％	2300.3	1.3％	1,165.6	0.7％	3215.5	1.8％	2,109.9	1.2％
9,186.4	12.0％	6607.7	8.6％	1654.0	2.2％	924.7	1.2％	1931.6	2.5％	1,441.2	1.9％
1,922.8	2.1％	1467.7	1.6％	320.1	0.4％	135.0	0.2％	1177.1	1.3％	629.3	0.7％

考えられないであろう[13]（図表6－9）。つまり，シンガポールではドル対価の取引が最大であるものの，日本と同様，直物取引においてドル以外の通貨同士の取引が増加している。特に「その他」のうち「その他通貨」の取引規模の大きさが注目されるが，そこでは東アジア通貨同士の直接取引が大きなものとなっているとは考えられない。

そして香港であるが，外国為替取引全体における通貨別構成のみを公表している。そこでは次のような特徴があげられる。第一は，香港ドル対ドルを含むドル対価の取引（96.5％）が圧倒的である。ドル対価の相手国通貨を見ると，

図表6－9　シンガポール外国為替市場における取引通貨構成（2007年4月）[1,2]

（単位：100万ドル）

		全取引	シェア	直物取引	シェア	スワップ取引	シェア
全通貨		4,453,074	100.0%	1,774,232	100.0%	2,093,530	100.0%
ドル対価		3,895,427	87.5%	1,334,071	75.2%	2,005,839	95.8%
	シンガポールドル	390,688	8.8%	101,693	5.7%	275,920	13.2%
	英ポンド	398,039	8.9%	181,684	10.2%	196,574	9.4%
	円	797,078	17.9%	248,945	14.0%	518,008	24.7%
	ユーロ	884,694	19.9%	402,067	22.7%	447,729	21.4%
	スイスフラン	104,171	2.3%	38,372	2.2%	61,526	2.9%
	カナダドル	83,842	1.9%	29,206	1.6%	50,563	2.4%
	オーストラリアドル	334,595	7.5%	129,671	7.3%	173,144	8.3%
	その他通貨	902,320	20.3%	202,433	11.4%	282,375	13.5%
ドル以外の通貨同士		557,647	12.5%	440,161	24.8%	87,691	4.2%
	シンガポールドル対価	22,888	0.5%	18,815	1.1%	1,347	0.1%
	英ポンド	3,817	0.1%	3,637	0.2%	72	0.0%
	円	3,901	0.1%	2,504	0.1%	156	0.0%
	ユーロ	5,981	0.1%	4,664	0.3%	674	0.0%
	その他通貨	9,189	0.2%	8,010	0.5%	445	0.0%
	その他	534,759	12.0%	421,346	23.7%	86,344	4.1%
	ユーロ対英ポンド	62,033	1.4%	59,358	3.3%	1,854	0.1%
	ユーロ対円	113,427	2.5%	91,151	5.1%	13,314	0.6%
	英ポンド対円	68,734	1.5%	54,216	3.1%	13,404	0.6%
	その他通貨	290,565	6.5%	216,621	12.2%	57,772	2.8%

（注1）4月中の総取引高。
（注2）この外国為替市場調査は，トレーディングデスクの所在地を報告のベースとしている。なお，ロンドン，アメリカ，東京の各外国為替市場委員会も同様の調査を行っている。これに対してBISの外国為替市場調査はセールスデスクの所在地を報告のベースとしている。
（出所）The Singapore Foreign Exchange Market Committee [2007], Table　1a, 2, 4 より作成。

香港ドルが最大であり、そのシェアは2004年4月の調査と2007年4月の調査の間に、25.6%から41.5%に急増している。第二は、日本とシンガポールとは対照的に、ドル以外の通貨同士の取引(香港ドル対その他通貨を含む)のシェア(3.9%)が非常に小さい(図表6-10)。つまり、日本とシンガポールとは対照的に、香港では、ドル以外の通貨同士の取引のシェアは非常に小さく、ドル対価の取引が圧倒的である。このことから、香港では東アジア通貨同士の直接取引の規模は皆無であると考えられる。

本項では、東アジア諸国の外国為替市場における取引通貨構成について見てきた。日本とシンガポールでは、ドル以外の通貨同士の取引のシェアは高まっており、為替媒介通貨ドルの侵食が進んでいる。しかし、東アジア諸国におけ

図表6-10　香港外国為替市場の取引通貨構成[1,2,3]

	2007年4月		2004年4月	
	10億ドル	シェア	10億ドル	シェア
全通貨	174.6	100.0%	102.2	100.0%
香港ドル対価	73.4	42.0%	27.2	26.7%
ドル	72.5	41.5%	26.1	25.6%
その他通貨	0.9	0.5%	1.1	1.1%
ドル対価	95.2	54.5%	69.8	68.4%
ユーロ	20.2	11.6%	22.8	22.3%
円	16.4	9.4%	19.2	18.8%
スイスフラン	2.8	1.6%	2.0	1.9%
英ポンド	12.6	7.2%	10.5	10.3%
オーストラリアドル	14	8.0%	6.3	6.2%
カナダドル	2.1	1.2%	1.4	1.4%
マレーシアリンギット	0.6	0.3%	0.01	0.01%
その他通貨(香港ドルを除く)	26.6	15.3%	7.5	7.4%
その他(香港ドルと米ドルを除く)	6.0	3.4%	5.1	5.0%
ユーロ対円	1.8	1.0%	3.2	3.1%
ユーロ対英ポンド	0.4	0.2%	0.7	0.7%
その他通貨	3.8	2.2%	1.1	1.1%

(注1)それぞれの年の4月の1営業日平均総取引高。
(注2)ネット取引はローカル国内ディーラーの二重報告を調整している。
(注3)数値は合計しても100%にならない。
(出所)Hong Kong Monetary Authority [2007]、p.17より作成。

る外国為替市場全体を見ると，ドル対価の取引のシェアが圧倒的であり，東アジア通貨同士の直接取引の規模は皆無であると考えられる。つまり，東アジアの為替媒介通貨は依然としてドルなのである[14]。

(3) 公的レベル

アジア通貨危機以前，東アジア諸国の為替相場制度は，日本の変動相場制，中国のドルペッグ制，香港のカレンシーボード制を除けば，事実上のドルペッグ制であった。アジア通貨危機以降，東アジア諸国は事実上のドルペッグ制を見直し，より柔軟な為替相場制度に移行している。IMFの公式の分類によれば，2007年4月末，日本，韓国，フィリピンが変動相場制，タイ，シンガポール，インドネシア，マレーシアが管理フロート制，中国がクローリング・ペッグ制，香港はカレンシーボード制を採用している[15]。このような，事実上のドルペッグ制からより柔軟な為替相場制度の移行は，基準通貨ドルの圧倒的な地位の後退を意味する。他方，アジア通貨危機直後の1998年に，東アジア諸国通貨のドルと相関は弱まったものの，99年以降は両者の相関が再び強まっている[16]。このことは東アジア諸国の通貨当局が外国為替市場においてドルを基準相場としてドル介入を実施していることを示している。つまり，東アジアにおける基準通貨・介入通貨は依然としてドルなのである。そして，アジア諸国を含むドル圏における公的外貨準備の通貨別構成を見ると，99年第1四半期から2005年第3四半期にかけて，ユーロが13.5％から17.7％に上昇し，円が4.9％から2.8％に低下する一方，ドルは77.7％から77.5％となっている（図表6－11）。このように円のシェアが低下する一方，ドルのシェアは高水準で安定していることからも，東アジアにおける準備通貨もドルであることがわかる。

本節では，国際通貨機能の三つのレベルから，東アジアにおける国際通貨の実態についての分析を行ってきた。日本の対アジア貿易とタイの対ASEAN貿易の一部において，自国通貨建てが一定の規模に達しているが，東アジア全体では，自国通貨建て貿易比率は低水準である。このため，東アジア諸国通貨

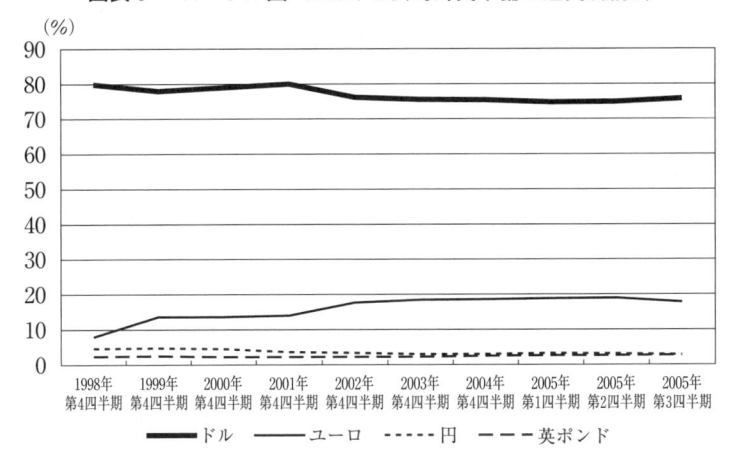

図表 6 − 11　ドル圏[1]における公的外貨準備の通貨別構成

(注1) アジア諸国，西半球諸国，公式的にドルにペッグしている諸国を含む。なお，アメリカとEMU参加諸国は除く。
(注2) 1998年第4四半期のユーロのデータはマルク，フランス・フラン，オランダ・ギルダー，ECUのシェアを合計したもの。
(原資料) IMF COFER (Currency Composition of Official Foreign Exchange Reserves) データベースとIMFスタッフの推計。
(出所) Lim [2006], p.18 より作成。

の契約・決済通貨化は進んでおらず，域内貿易の拡大は非銀行民間レベルの国際通貨機能における脱ドルはもちろん，銀行間外国為替市場レベルと公的レベルの国際通貨機能における脱ドルにも結びついていない。つまり，1980年代後半，とりわけ90年代末以降，「三角貿易」構造の下，東アジアは域内貿易を拡大させているが，これは脱ドルに結びついていない。これが東アジアの現状である。

4．東アジア域内通貨金融協力の進展

(1) 「上から」の脱ドルの動き

　前節では，域内貿易の拡大は域内における脱ドルに結びついていないという東アジアの現状が明らかになった。しかし，1990年代末以降，将来的に脱ド

ルを促す可能性のある動きが出てきた[17]。それが東アジア域内通貨金融協力の進展である。域内通貨金融協力はアジア通貨危機の再発防止のための対応策の中で進んできた。その対応策には次の三つがあげられる。第一は，東アジア諸国の通貨当局間における短期資金供与制度の構築の必要性である。第二は，ドルペッグ制からの離脱の必要性である。第三は，「ダブル・ミスマッチ」の解消の必要性である。本節では，域内通貨金融協力の進展が将来的に東アジアにおける脱ドルを促すのかについて明らかにする。そこでは，公的レベルの国際通貨機能と非銀行民間レベルの国際通貨機能の視点から，上記の三つの対応策が「上から」と「下から」の脱ドルを促す可能性について見ていく[18]。

　第一は，東アジア諸国の通貨当局間における短期資金供与制度の構築の必要性である。急激な外国資本流出が生じ，通貨危機に陥った場合，当該国の通貨当局は外国為替市場介入のための外貨が必要となる。この市場介入のための外貨を通貨当局間で相互に融通し合うのが二国間通貨スワップ取極（BSA）である。現在，東アジア諸国の通貨当局間で締結されているのが，2000年5月にASEAN＋3蔵相会議で合意されたチェンマイ・イニシアティブ（CMI）である[19]。その内容は，①すべてのASEAN加盟国を含み得る形でのASEANスワップアレンジメントの拡大，②ASEAN，中国，日本および韓国との二国間通貨スワップ取極およびレポ取極のネットワークの確立である[20]。これまでに，日本，中国，韓国，インドネシア，マレーシア，フィリピン，シンガポール，タイの8ヵ国間でBSAネットワークが構築され，その規模は2007年7月10日時点で総額830億ドルに達している[21]（図表6-12）。CMIのBSAの多くが米ドル・相手国通貨間のスワップ取極であるが，日中は円・元間，日韓は円・ウォン間，中韓は元・ウォン間，中比は元・ペソ間のスワップ取極となっている。このようにCMIの一部のBSAでは，東アジア諸国通貨が利用されるようになっている。通貨危機に陥った国の通貨当局が，CMIのBSAを通じて調達した東アジア諸国通貨を用いて，外国為替市場介入を行えば，それは介入通貨における脱ドルに結びつく。しかし，前節で見たように，東アジア諸国の外国為

第6章 東アジアにおける脱ドルの進展 151

図表6-12 チェンマイ・イニシアティブ（CMI）の枠組みにおける二国間通貨スワップ取極の現状（単位：米ドル）
（日タイ第3次スワップ取極発効後を想定）

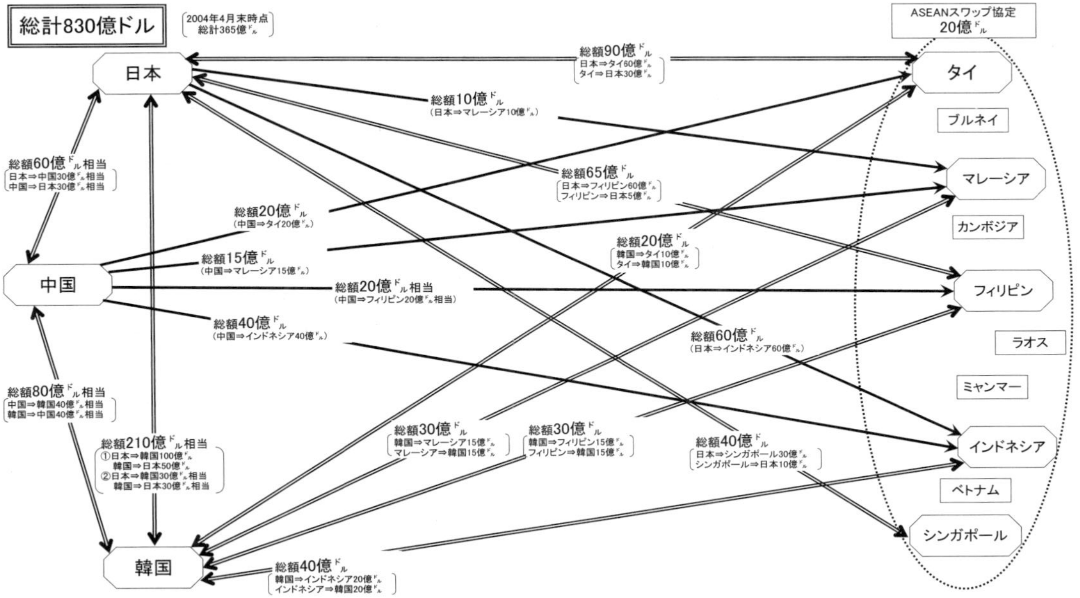

(注1) ⇔は双方向のスワップ取極。⇒は一方向のスワップ取極を示す。
(注2) 上記総計（830億ドル）は、CMIの枠組みにおける二国間通貨スワップ取極の総計であり、新宮澤構想に基づくスワップ取極額（別途、日馬で25億ドルを締結）及びASEANスワップ協定の取極額は含まない。
(注3) 日中は円・元間、日韓②は円・ウォン間、中韓は元・ウォン間、中比は元・ペソ間のスワップ取極。その他は、米ドル・相手国通貨間のスワップ取極。
(出所) 財務省ウェブサイト「アジア域内における金融協力」より。

替市場ではドル対価の取引が圧倒的であることを考えると、各国通貨当局は東アジア通貨を調達したとしても、それでもって直接的に自国通貨を買い支えるための市場介入を行うことはできない。このため、各国通貨当局はまずその東アジア諸国通貨をドルに交換し、それを用いて市場介入を行わざるをえないのである[22]。つまり、CMIの一部のBSAにおける東アジア諸国通貨の利用は介入通貨における脱ドルに直接結びつくものではない。

　第二は、ドルペッグ制からの離脱の必要性である。アジア通貨危機の発生にはいくつかの原因があるが、その一つとして東アジア諸国がドルペッグ制を採っていたことがあげられている[23]。そこでは、東アジア諸国が貿易取引・資本取引等の対外経済関係の実態を反映したより柔軟な外国為替制度への移行の必要性が主張されている。具体的には、従来のドルペッグ制からドル、ユーロ、円といった主要国通貨からなる通貨バスケットを参考にした外国為替制度への移行が求められている[24]。実際、アジア通貨危機以降、東アジアの一部諸国は通貨バスケットを参考にした外国為替制度に移行しつつある。例えば、2005年7月、中国がドルペッグ制を廃止し通貨バスケットに基づく管理された変動相場制に移行する一方、マレーシアはドルペッグ制から貿易額でウェイト付けされた通貨バスケットに連動した管理変動相場制に移行した[25]。このドルペッグ制から通貨バスケットを参考した外国為替制度への移行は、東アジア諸国が自国通貨を安定化させる通貨として、ドルだけでなく、ユーロや円といった主要国通貨のウェイトを高めることである。これは基準通貨における脱ドルを進展させる可能性がある[26]。

(2) 「下から」の脱ドルの動き

　次は「ダブル・ミスマッチ」の解消の必要性である。アジア通貨危機以前から、東アジア諸国では国内貯蓄率が高いにもかかわらず、域内において貯蓄資金が循環する構造ができていなかった。そのため東アジア諸国の貯蓄資金が域外に資本輸出される一方、東アジア域内における投資需要は域外からの資本輸

入，とりわけ外国銀行からの短期ドル借入によってファイナンスされていた[27]。この結果，吉冨［2003］が指摘するように，東アジア諸国は借入を行う際の期間と通貨建てにおいて「ダブル・ミスマッチ」を抱えることになった。第一は「期間ミスマッチ」である。東アジア諸国は経済成長のための国内資金を外国銀行から短期で借り入れ，地場銀行はそれを国内の長期投資に回していた。これによって，長期の資産と短期の負債からなるミスマッチを抱えていた。第二は「通貨ミスマッチ」である。東アジア諸国は国内資金のファイナンスのために，外国銀行から外貨建て借入を行い，地場銀行はそれを自国通貨建てで国内貸出に回していた。この結果，自国通貨建て資産と外貨建て負債からなるミスマッチを抱えることになった。アジア通貨危機によって，外国銀行の短期資金が急激に引き揚げられると，外貨準備が枯渇し，ドルペッグ制の下での固定相場制は放棄せざるをえない。この結果，自国通貨の為替相場が下落したが，一方で「通貨ミスマッチ」を抱えているため，外貨建て負債が膨張し，地場銀行は債務超過に陥ってしまった。他方，「期間ミスマッチ」のため，外国銀行の短期資金の急激な引き揚げは地場銀行を流動性不足に陥れた。こうした地場銀行のバランスシートの急速な悪化は国内金融危機を激化させ，それが外国銀行の短期資金のさらなる引き揚げを助長して，通貨危機を深刻化させたのである[28]。

　このような「ダブル・ミスマッチ」の解消を目的として，東アジア域内の豊富な貯蓄資金を経済成長に必要な長期投資に結びつけるために，域内において現地通貨建ての債券市場を育成することが求められた。これが東アジア諸国の通貨当局主導で進められているアジア債券市場育成策である。まず供給側（債券発行側）からの取組みとして進められているのが，ASEAN＋3によるアジア債券市場育成イニシアティブ（AMBI）である。AMBIの最終目標はアジアの貯蓄資金をアジアの民間事業者が長期の資本形成・投資に動員できるよう，域内通貨建ての債券の発行を可能とするようなアジア債券市場の整備を目指すことにある。具体的には，域内における債券発行主体を拡大させ，アジア通貨建ての債券を大量に発行することによって市場に厚みを持たせる一方，決済シ

ステム・保証・格付機関といった債券市場育成のための環境整備があげられる。

これに対して需要側（投資家側）からの取組みとしてあげられるのが，東アジア・オセアニア中央銀行役員会議（EMEAP）によるアジア債券基金（ABF）である。ABFは，EMEAPメンバー中央銀行が外貨準備の一部を，日本，オーストラリア，ニュージーランドを除く，東アジア8ヵ国・地域（中国，香港，インドネシア，韓国，マレーシア，フィリピン，シンガポール，タイ）の政府が発行する国債（ソブリン）と政府系機関が発行する債（準ソブリン債）からなるファンドで合同運用するものである。2003年6月に開始された第一段階（ABF1）における投資規模は約10億ドルで，投資対象はEMEAP 8ヵ国・地域のドル建てのソブリン債および準ソブリン債であった。そして2004年12月に開始された第二段階（ABF2）では，汎アジア債券インデックス・ファンド（PAIF）とファンド・オブ・ファンズ（FoBF）という新たな枠組みが設けられ，そこでは上記8ヵ国・地域の現地通貨建てのソブリン債および準ソブリン債に投資が行われている。

このような域内における債券市場育成策を一つの背景として，東アジアのエマージング諸国における現地通貨建て債券市場が拡大している。東アジア9ヵ国・地域（中国，香港，インドネシア，韓国，マレーシア，フィリピン，シンガポール，タイ，ベトナム）における現地通貨建て債券市場の発行残高は1997年の約4,053億ドルから2006年には約2兆7,299億に急増しており，対GDP比でも17.3%から54.7%にまで高まっている。[29] 今後，東アジア諸国の現地通貨建て債券市場の拡大とともに，東アジア諸国通貨建ての域内資本移動が活発化すれば，投資・調達通貨における脱ドルが進展する可能性がある。

本節では，公的レベルの国際通貨機能と非銀行民間レベルの国際通貨機能の視点から，東アジア域内通貨金融協力の進展が「上から」と「下から」の脱ドルを促す可能性について見てきた。CMIの一部のBSAでは，東アジア諸国通貨が利用されるようになっている。しかし，東アジア諸国の外国為替市場においてドル対価の取引が圧倒的であることを考えると，CMIのBSAを通じて東

アジア諸国通貨を調達としても，それをドルに交換し，市場介入を行わざるをえない。つまり，CMIの一部のBSAにおける東アジア諸国通貨の利用は介入通貨における脱ドルに直接結びつくものではない。他方，アジア通貨危機以後，東アジアの一部の諸国は，ドルペッグ制から通貨バスケット制を参考にした外国為替制度に移行している。これは，東アジア諸国が自国通貨を安定化させる通貨として，ドルだけでなく，ユーロや円といった主要国通貨のウェイトを高めることであり，また基準通貨ドルの圧倒的な地位の後退に結びつくかもしれない。そして，「ダブル・ミスマッチ」の解消と域内資金循環の構築のためにアジア債券市場育成の取組みが進められている。この債券市場育成を一つの背景として，東アジア諸国の現地通貨建て債券市場が拡大しているが，これに東アジア諸国通貨建ての域内資本移動の活発化が伴えば，将来的に投資・調達通貨における脱ドルが進展する可能性がある。[30]

5．むすび

　本章では，域内貿易の拡大が東アジアにおける脱ドルに結びついているのか，また東アジア域内通貨金融協力が将来的に脱ドルを促すものなのかについて見てきた。そこでは次のことが明らかになった。

　第一は，1980年代後半，とりわけ90年代末以降，東アジアが域内貿易を拡大させているが，これは域内における脱ドルに結びついていないのである。日本の対アジア貿易とタイの対ASEAN貿易の一部において，自国通貨建て貿易が一定の規模に達しているが，東アジア全体では自国通貨建て貿易は低水準である。つまり，域内貿易の拡大は非銀行民間レベルの国際通貨機能はもちろん，銀行間外国為替市場レベルと公的レベルの国際通貨機能における脱ドルにも結びついていない。他方，2000年代前半，東アジアはアメリカの「双子の赤字」（財政赤字と経常収支赤字）ファイナンスの中心となっている。2003年，アメリカには5,310億ドルの資金がネットで流入したが，そのうち西ヨーロッパが96億ドル，産油国が71億ドル，その他諸国が550億ドルであるのに対して，

アジアは3,090億ドルとなっている[31]。このように，2000年代前半，東アジアは域内貿易を拡大させる反面，「双子の赤字」ファイナンスに見られるようにドル依存も強めている[32]。これは，東アジアがいまだ国際通貨システムの一極を占めるに至っていないことを意味する。

第二は，東アジア域内通貨金融協力の進展は東アジアにおける脱ドルを将来的に促す可能性がある。ドルペッグ制から通貨バスケットを参考にした外国為替制度への移行は，公的レベルの国際通貨機能である基準通貨におけるドルの圧倒的な地位の後退であり，これは「上から」の脱ドルを進展させる可能性がある。そして，アジア債券市場育成を一つの背景として，東アジア諸国の現地通貨建て債券市場が拡大しているが，これに東アジア諸国通貨建ての域内資本移動の活発化が伴えば，非銀行民間レベルの国際通貨機能である投資・調達通貨における脱ドルが進展するかもしれない。これは「下から」の脱ドルの可能性である。

注）

1) 「三角貿易」構造については，経済産業省［2005］，166～172ページだけでなく，経済産業省［2006］，86～87ページと経済産業省［2007］，112～113ページでも言及されている。経済産業省［2007］は域内における中間財貿易が高まっていることから，現在の東アジアにおける生産ネットワークを「三角貿易＋中間財相互供給」構造として捉えている。
2) FTA（自由貿易協定）とEPA（経済連携協定）による関税障壁の低下や市場開放も，中間財貿易の拡大に寄与している。
3) 経済産業省［2007］，99ページ。
4) 経済産業省［2007］，33ページの第1-20-20図のデータ（経済産業省ウェブサイトより入手）から計算。
5) 韓国の対日貿易と対EU貿易でも，ドル以外の通貨建てのシェアが高まっている。Seong-Hun［2005］によれば，韓国の対日貿易においては円建てが，対ユーロ域貿易ではユーロ建ての比率が高まっているようである。例えば，対日貿易における円建てのシェアは，2003年，輸出が約60％，輸入が69％であると考えられる。この比率は，対日貿易以外において円が利用されないと想定した場合の推計値である（p.85）。

第6章　東アジアにおける脱ドルの進展　157

6) このような資本市場の状況とは対照的に，銀行間市場における東アジア域内の統合は進んでいる。Chu, Mo, Wong and Lim [2006] によれば，東アジア諸国のクロスボーダーの銀行債権における東アジア域内向けのシェアは，2004年，日本が7.5％であるのに対して，香港は49.7％，韓国は35.9％，台湾は24.7％となっている (pp.11-13)。Asian Development Bank [2005]，pp.22-23でも同様の傾向が明らかにされている。
7) Asian Development Bank [2005]，pp.23-24.
8) 横山 [2006]，38ページ。
9) この点については多くの研究によって指摘されている。Chu, Mo, Wong and Lim [2006] は，アジアの投資家がドル建ての優良のアジア企業債とヨーロッパとアメリカの流動性の高い市場を選好していることを指摘している (p.10)。McCauley and Park [2006] は，東アジアの政府，企業，銀行による国際資本市場における債券発行は，ドル建てが圧倒的であることを明らかにしている (p.26)。そして，横山 [2006] は，国際債市場における東アジアの債券発行の大部分がドルまたはユーロであり，発行体の母国通貨による発行はほとんど見られないとしている (37ページ)。
10) 2000年代における東アジア諸国の外国為替市場についての先駆的研究としては，奥田 [2007]，第10章があげられる。
11) 井上 [1999] は，1992年4月と95年4月のBISの調査に基づきながら，日本の銀行間外国為替市場において円対アジア通貨の直接取引が存在しないことを明らかにした (320〜321ページ)。
12) 井上 [1997] は，シンガポールの銀行間外国為替市場 (1996年2月調査) においてドル対アジア通貨取引が急増していることに注目していた (109〜113ページ)。
13) 本章の図表6-7のBISの調査によれば，2007年4月，シンガポール市場におけるドル以外の通貨同士の取引 (11.7％) は，ユーロ対価 (6.4％) と円対価 (3.3％) で大部分を占められている。このことからも，図表6-9の「その他」のうち「その他通貨」において東アジア通貨同士の直接取引が大きなものとなっているとは考えられないであろう。
14) 井上 [1994] によれば，1990年代初頭，東アジア諸国の銀行間外国為替市場では，マルク対価の取引の増加によって為替媒介通貨ドルの地位が侵食されたが，その侵食の程度は西欧よりも遥かに小さいものであった。そして東アジア諸国の銀行間外国為替市場において東アジア諸国通貨同士は直接取引されておらず，東アジアの為替媒介通貨はドルであった (297〜298ページ)。
15) IMF [2007]，pp.30-31. 伊藤・小川・清水 [2007] は，このようなIMFの公式の分類が必ずしも実態を表していないとしている (6〜8ページ)。
16) 大野・福田 [2003]。

17) 1980年代後半，東アジアにおける脱ドルは一定程度進んだ。それは日本の世界最大の債権国化を背景とした円の国際化の進展であった。80年代後半における円の国際化については否定的な評価が一般的である。中尾［1991］は，ユーロ円債をはじめとして円の国際化が大きく進展したものの，その「最終的需要」は低いものであることから，円を「通過勘定」であると位置付けた（177～190ページ）。小西［1992］は，円の国際化がドル体制を前提するものであったことを指摘している（151ページ）。アジアにおける円の国際化については次の研究を参照。先駆的研究である増田［1992］［1995］と井上［1994］［1999］。貿易取引・資本取引の両面に焦点を当てた佐藤［1994］［1995］。日韓企業のアジアにおける貿易取引の実態調査を行った徳永［1996］。アジアにおける円の国際化の阻害要因を実態調査によって明らかにした中條［2002］。アジア通貨危機後のタイにおける現地通貨の利用拡大について明らかにした井上［2005］。そして，日本政府が発表した報告書である外国為替等審議会答申［1999］や円の国際化推進研究会［2001］［2003］などがあげられる。

18) 東アジア域内通貨金融協力については，財務省ウェブサイト「アジア域内における金融協力」；外務省ウェブサイト「アジア通貨危機以降の地域金融協力について」；日本銀行ウェブサイト「国際金融の概要」，「EMEAP（東アジア・オセアニア中央銀行役員会議）」を主に参考した。

19) アジア通貨危機直後から，東アジアでは通貨・金融分野における協力の動きがすでに生じていた。1998年10月に発表された「アジアの通貨危機支援に関する新構想」（「新宮沢構想」）は，中長期の資金支援として円借款・旧輸銀融資等150億ドル，さらに経済改革過程での短期資金需要への備えとして150億ドルの合計300億ドル規模の資金支援が，通貨危機に陥った東アジア諸国（インドネシア，マレーシア，フィリピン，タイ，韓国）に対して行われた。そして，99年11月の第3回ASEAN＋3首脳会議（フィリピン・マニラ）では，通貨・金融分野における「東アジアにおける自助・支援メカニズムの強化」の必要性についての合意がなされた。

20) 鳥谷［2004］が指摘するように，創設当初，CMIは次のような問題を抱えていた。第一はスワップ引き出しメカニズムにおけるIMFリンクの存在である。各BSA協定の融資枠の10％を越えて資金が引き出される場合，IMF融資と連動してそのコンディショナリティを満たしていることが条件付けられていた。第二はBSAの多くが片務的なものであったことである。これら二つの問題は，2005年5月の第8回ASEAN＋3財務大臣会議（イスタンブール）で合意されたCMI強化策（CMIセカンドステージ）において改善がなされた。第一のIMFリンクは，IMFプログラムなしに発動可能なスワップ額の上限が10％から20％に引き上げられた。第二のBSAの多くが片務的であることについては，既往取極の双務化が進められることになった。

21) BSAネットワークの発展を受けて，ASEAN＋3は東アジア地域における流動性支援のためのより発展した枠組み（「CMIのマルチ化」）を前進させている。2007年5月の第10回ASEAN＋3財務大臣会議（京都）では，段階的なアプローチを踏みながら，マルチ化の形態として，一本の契約の下で，各国が運用を自ら行う形で外貨準備をプールすることに原則一致した。これは，CMIが二国間の外貨融通ネットワークから多国間の外貨融通ネットワークに転換することを意味する。
22) 鳥谷［2004］は，円・元間のスワップ取極を通して，日中間で自国通貨建て資金を融通し合うといっても，それは使い勝手の悪いものにならざるを得ないとしている。円・元間のスワップ取極の下，例えば日本が円防衛のために元を調達しても，元の流動性が極めて低いため，東京外為市場において元で直接介入はできない。実際には，中国外為市場で元をドルを交換せざるを得ないのである（24ページ）。
23) 当初より，日本はアジア通貨危機の原因としてドルペッグ制をあげていた。外国為替等審議会答申［1999］では次のように述べられている。「アジアの多くの国では，これまで程度に差はあれ実質ドル・リンクの下で為替の安定を図ってきた。しかし，各国の貿易・投資相手先の実態にかかわらず通貨をドルへリンクすることのリスクが，一昨年来のアジア通貨危機において一挙に顕在化した」（Ⅰ.2.(1)「アジア通貨危機の発生」の①）。
24) 外国為替等審議会答申［1999］は次のような指摘を行っている。「アジアの多くの国では，通貨危機発生前の事実上ドルにペッグした制度から現在はフロート制になっているが，今後状況が落ち着いてきた段階において，新たな為替制度見直しが各国で課題となってくることが考えられる。その際には，貿易等等の経済的なウェイト等を勘案した，ドル，円，ユーロ等を構成要素とする通貨バスケットとの関係が安定的になるような為替制度も１つの選択肢であり，この中でアジア通貨が円との連動性を強めていくことは望ましいと考えられる」（Ⅲ.2.(3)「アジア各国の為替制度における円の役割の見直し」①）。
25) 日本金融新聞［2005］によれば，中国の通貨バスケットの構成は，ドル，ユーロ，円，韓国ウォンの4通貨を中心に，シンガポール・ドル，英ポンド，マレーシア・リンギット，ロシア・ルーブル，オーストラリア・ドル，タイ・バーツ，カナダ・ドルなど7通貨も含まれているようである。
26) 奥田［2007］は，通貨バスケット制が基準通貨機能に含まれることを指摘している（288ページ）。同時に奥田は，通貨バスケット制における円の比重の高まり＝基準通貨としての円の役割が，必ずしも介入・準備通貨化に結びつくものではないとしている。
27) 2004年，東アジア10カ国の対外投資34,820億ドルのうち，東アジアに還流したのが約2,050億ドルであり，その割合はわずか5.9％であった（Chu, Mo,

Wong and Lim [2006], p.11)。

28) 「ダブル・ミスマッチ」論については吉富 [2003], 第1章に依っている。
29) 数値はAsian Development Bank, *Asia Bond Monitor*, various issues より。しかし, 現地通貨建て債券市場の拡大は域内資本移動の活発化を伴っていない。東アジア10カ国に対するクロスボーダーの債券投資のうち, 2004年, 東アジア8カ国からのシェアは16.8％（日本を除いたシェアは35.6％）に過ぎない (Chu, Mo, Wong and Lim [2006], p.22)。また東アジア諸国の国債保有における非居住者のシェア（2004年9月末）を見ると, 中国が0.4％, インドネシアが1.7％, 韓国が0.8％, マレーシアが1.0％, シンガポールが3.2％, タイが2.0％となっている (Nishihara [2005], p.8)。
30) 第5章で見たように, 1980年代後半以降のヨーロッパにおける脱ドルの大きな契機となったのがEMSの創設であった。このヨーロッパの経験を踏まえれば, 将来的に, 東アジアが脱ドルを推し進め, 国際通貨システムの一極を占めるためには, 今後, EMSのような域内為替メカニズムが構築されるかが重要な契機となるであろう。
31) Higgins, and Klitgaard [2004], pp.2-3.
32) 上川 [2007] は, 輸出市場としてのアメリカへの依存が大きいことから, 現在の東アジアには「脱ドル」ではなく「過度のドル依存」からの脱却が求められているとしている（199ページ）。

あとがき

　本書の最後として,「はしがき」で設定した研究課題の解明についてまとめておこう。

　第一は,国際通貨国特権の視点に基づく国際資本移動におけるアメリカの役割についての分析である。通説的見解である国際金融仲介機能論によれば,国際資本移動におけるアメリカの役割は「経常収支赤字以上の外資の余剰分を再投資する」という受動的なものとして捉えられていた。しかし,その役割は受動的ではなく,国際資本移動の起点という意味で能動的なものである。1990年代後半,アメリカを起点とする資金が国際資本移動において重要な役割を果たしており,ここにアメリカの能動性があらわれていた。そして2000年代前半,アメリカを起点とする資金のリスク指向の強まりを反映して国際資本移動におけるアメリカの能動性がさらに高まる一方,アメリカの役割は「世界の金融コングロマリット」に変容している。

　第二は,アメリカの国際通貨国特権の将来についての分析である。グローバルにみれば,国際通貨ドルの地位は依然として圧倒的であるが,ヨーロッパで1980年代後半以降,東アジアでは90年代末以降,脱ドルの動きが進展している。80年代後半から90年代にかけての「上から」と「下から」の脱ドルの進展と99年のユーロ導入によって,ユーロ域は国際通貨システムの一極を占める一方,地域的国際通貨ユーロの地位向上を背景として自国通貨による国際収支赤字ファイナンス（負債決済）という特権を獲得しつつある。これは将来的にアメリカの国際通貨国特権に限度を課す可能性がある。これに対して,東アジアは,とりわけ90年代末以降,域内貿易を拡大させる反面,ドル依存も強めており,いまだ国際通貨システムの一極を占めるに至っていない。他方,域内通貨金融協力の進展は東アジアにおける「上から」と「下から」の脱ドルを将来的に進める可能性がある。

　以上の理論的・実証的分析を通じて,1990年代後半以降の国際資本移動に

おけるアメリカの役割を正確に把握するとともに，国際収支節度を大幅に喪失する国際通貨国アメリカの将来について明らかにすることができた。それがどこまで実現できたのかは読者の判断に委ねるほかはないが，通説的見解である国際金融仲介論が見落としているアメリカの国際通貨国特権の意義についてはご理解を頂けると考える。

　本書は，大学院時代からこれまでの研究成果をまとめた博士論文をもとにしている。本書に収録した論文の初出は以下の通りであるが，本書に統一を与えるために必要な加筆・再編を行った。

第1章

　[1999],「為替媒介通貨論と準備・介入通貨論―「流通根拠論争」以降の国際通貨論研究の問題設定をめぐって―（上）（下）」『立教経済学研究』第52巻第3号（上），第52巻4号（下）。

第2章

　[2000],「アメリカン・マネーの理論的検討―国際的信用膨張に関する一考察―」『海外事情』（拓殖大学海外事情研究所）第48巻第1号。

　[2003],「ニューエコノミーと国際通貨ドル―1990年代後半におけるアメリカの国際金融仲介機能論の検討―」『立教経済学研究』第56巻第3号。

　[2003],「金融のグローバル化と国際銀行業」紺井博則・上川孝夫編『グローバリゼーションと国際通貨』日本経済評論社。

　[2005],「1990年代後半の国際資本移動におけるアメリカの役割」『金融経済研究』（金融学会）第22号。

　[2006],「国際通貨国アメリカと国際資本移動」信用理論研究学会編『金融グローバリゼーションの理論』大月書店。

第3章

　[2000],「アメリカン・マネーの理論的検討―国際的信用膨張に関する一考察―」『海外事情』（拓殖大学海外事情研究所）第48巻第1号。

　[2003],「ニューエコノミーと国際通貨ドル―1990年代後半におけるアメリ

カの国際金融仲介機能論の検討—」『立教経済学研究』第56巻第3号。

[2003],「金融のグローバル化と国際銀行業」紺井博則・上川孝夫編『グローバリゼーションと国際通貨』日本経済評論社。

[2005],「1990年代後半の国際資本移動におけるアメリカの役割」『金融経済研究』(金融学会) 第22号。

第3章補論

[2003],「ニューエコノミーと国際通貨ドル—1990年代後半におけるアメリカの国際金融仲介機能の検討—」『立教経済学研究』第56巻第3号。

[2005],「1990年代後半の国際資本移動におけるアメリカの役割」『金融経済研究』(金融学会) 第22号。

第4章

[2006],「2000年代前半における国際資本移動におけるアメリカの役割」『季刊経済理論』(経済理論学会) 第43巻第3号。

[2007],「『世界の金融コングロマリット』としてのアメリカ」信用理論研究学会2007年春季全国大会での報告論文, 5月。

第4章補論

[2005],「1990年代後半の国際資本移動におけるアメリカの役割」『金融経済研究』(金融学会) 第22号 (2005年5月)。

第5章

[1998],「ヨーロッパにおけるドイツ・マルクの国際通貨化—準備・介入通貨と為替媒介通貨を中心に—」『立教経済学研究』第51巻第4号。

[2000],「欧州通貨危機」上川孝夫・新岡智・増田正人編『通貨危機の政治経済学—21世紀システムの展望—』日本経済評論社。

第6章

書き下ろし。

拙いながらも, 本書をこうしてとりまとめることができたのは, 多くの方々のおかげである。特に小西一雄先生には, 立教大学の学部ゼミ以来, 公私にわ

たってお世話になり，ご面倒をおかけした。本書が完成したのも小西先生のご指導と励ましのおかげである。また，本書の完成に至るまでは，私が所属する信用理論研究学会，金融学会，国際経済学会，経済理論学会の諸先輩の方々から貴重なご助言と暖かい励ましを数多く賜った。いうまでもなく，本書でのありうる誤りは筆者である私に属するものである。

　研究書の出版事情がますます厳しくなる現在，本書の出版を快くお引き受け頂いた学文社の田中千津子社長に心より感謝申し上げたい。

　最後に私事であるが，妻である金雅美と私達の母親である宮崎豊子と髙吉子にも感謝したい。

2008年6月

徳永　潤二

引用文献一覧

和文献

伊豆久 [1992],「EMSとドイツ連邦銀行の金融政策」『証券経済』第180号。
伊豆久 [2001],「『ニューエコノミー』期における米国国際収支」『証券経済研究』第31号。
伊豆久 [2007],「ファンド・ブーム下の国際資本市場」『甲南経済論集』第47巻第4号。
井上伊知郎 [1994],『欧州の国際通貨とアジアの国際通貨』日本経済評論社。
井上伊知郎 [1997],「アジア通貨取引とタイ,インドネジアの為替相場制度変更」『長崎大学公開講座叢書』第9巻。
井上伊知郎 [1999],「円の国際化」上川孝夫・藤田誠一・向壽一編『現代国際金融論』有斐閣。
井上伊知郎 [2005],「アジア金融・通貨危機以後の現地通貨の利用拡大に関する実証的・理論的研究:タイの事例を中心に」『エコノミクス』(九州産業大学)第9巻第3・4号。
伊藤隆俊・小川英治・清水順子 [2007],「通貨バスケット制とは何か」伊藤隆俊・小川英治・清水順子編『東アジア通貨バスケットの経済分析』東洋経済新報社。
伊藤武 [1993],「国際通貨問題とはなにか―木下悦二氏の国際通貨論をめぐって―」『大阪経大論集』第43巻第6号。
今宮謙二 [1976],『現代国際金融の構造』実教出版。
岩田健治 [1996a],『欧州の金融統合:EECから域内市場完成まで』日本経済評論社。
岩田健治 [1996b],「欧州金融・通貨圏と域内証券取引―対顧客取引からみたマルクの為替媒介通貨化の背景」田中素香編『EMS:欧州通貨制度』有斐閣。
岩田健治 [2005],「グローバル化・地域統合時代の国際通貨論試論」『研究年報経済学』(東北大学)第66巻第3号。
岩田健治 [2007],「EU通貨統合と新たな模索」上川孝夫・藤田誠一・向壽一編『現代国際金融論 第三版』有斐閣。
岩田健治 [2008],「金融グローバル化とEU―EMSからユーロへ―」田中素香・岩田健治編『現代国際金融』(新・国際金融テキスト3)有斐閣。
石見徹 [1991],「ブレトンウッズ体制の歴史的特質―流動性問題を中心として―」『経済学論集』(東京大学)第57巻3号。
石見徹 [1992],『日本経済と国際金融』東京大学出版会。
岩野茂道 [1977],『ドル本位制』熊本商科大学海外事情研究所。
岩本俊昭 [1990],「欧州通貨統合の現状と展望」『東京銀行月報』第42巻第2号。
海野広 [2000],『『米国一極集中』の投資リスク―国際マネーフローの行方と次なる投資戦略』東洋経済新報社。

円の国際化推進研究会［2001］,『円の国際化推進研究会報告書』6月.
円の国際化推進研究会［2003］,『円の国際化の推進―『円の国際化推進研究会』座長とりまとめ―』1月.
太田瑞希子［2006］,「ユーロの流通を支えるEU決済システムの進化（上）（下）TARGET2における『国内決済地域』形成」『世界経済評論』第50巻第6号（上），第50巻第7号（下）.
大野早苗・福田慎一［2003］,「東アジアの相互依存と通貨制度―通貨危機後の東アジア経済圏における為替政策の波及効果―」『ESRI Discussion Paper Series』No.82.
大橋千夏子［1998］,「通貨統合後の欧州のペイメントシステムについて」『日本銀行月報』8月号.
大橋陽［2007］,「市場型金融システムとアメリカ商業銀行の復活」中本悟編『アメリカン・グローバリズム―水平な競争と拡大する格差』日本経済評論社.
大矢繁夫［1993］,「ドイツの金融自由化・金融国際化」村岡修三・佐々木隆生編『構造変化と世界経済』藤原書店.
小方尚子［1999］,「米経済を支える国際マネーフロー」『調査レポート』（さくら総合研究所）5月.
岡橋保［1951］,「デフレーション恐慌論」『経済学研究』（九州大学）第17巻第1号.
奥田宏司［1992］,「ドイツ・マルクの『国際通貨化』とその限界について」『立命館国際研究』第4巻第4号.
奥田宏司［1996］,『ドル体制と国際通貨』ミネルヴァ書房.
奥田宏司［2002］,『ドル体制とユーロ，円』日本経済評論社.
奥田宏司［2007］,『円とドルの国際金融：ドル体制下の日本を中心に』ミネルヴァ書房.
小野朝男［1978］,「世界市場と金為替」松井安信・三木毅編『信用と外国為替』ミネルヴァ書房.
海外住宅金融研究会［2000］,『欧米の住宅政策と住宅金融』住宅金融普及協会.
外国為替等審議会答申［1999］,『21世紀に向けた円の国際化―世界の経済・金融情勢の変化と日本の対応―』4月.
片岡尹［2001］,『ドル本位制の通貨危機：国際資金ポンプとしての米国』到草書房.
上川孝夫［1992a］,「EC通貨統合と国際通貨システム―ECU・マルク・ドル―」『エコノミア』（横浜国立大学）第42第3・4号.
上川孝夫［1992b］,「EC通貨統合と国際通貨システム(2)―マルク国際化の構造をめぐって―」『エコノミア』（横浜国立大学）第43巻第3号.
上川孝夫［2002］,「国際金融パネル『欧州単一通貨ユーロの展望』」2002年度日本金融学会秋季大会討論者コメント，11月.
上川孝夫［2007］,「国際経済関係のゆくえ」上川孝夫・新岡智編『国際経済関係の焦点―揺れる覇権と通貨』同文舘.

上川孝夫・藤田誠一・向壽一編［2007］,『現代国際金融論　第三版』有斐閣。
金丸輝男［1994］,『EU とは何か―欧州同盟の解説と条約』日本貿易振興会。
川本明人［1995］,「為替媒介通貨をめぐる論点」『修道商学』(広島修道大学) 第 36 巻第 1 号。
北原徹［2004］,「証券・証券化」福光寛・高橋元編『ベーシック証券市場論』同文舘。
木下悦二［1979］,『国際経済の理論』有斐閣。
木下悦二［2007］,「世界不均衡を巡って―世界経済の構造変化の視点から―」『世界経済評論』第 51 巻第 9 号。
久留間健［1979］,「不換ドルの国際通貨としての流通根拠」長洲一二編『現代資本主義と多元社会』日本評論社。
久留間健［1992］,「『ドルの国際通貨としての流通根拠』なる問題をめぐって」経済理論学会編『市場と計画』(経済理論学会年報第 29 集) 青木書店。
久留間健［1999］,『貨幣・信用論と現代：不換制の理論』大月書店。
経済産業省［2005］,『通商白書 2005』ぎょうせい。
経済産業省［2006］,『通商白書 2006』ぎょうせい。
経済産業省［2007］,『通商白書 2007』時事画報社。
経済理論学会編［1982］,『現代世界経済と国際通貨』(経済理論学会年報第 19 集) 青木書店。
小西一雄［1979］［1980］,「旧 IMF の国際通貨制度の構造と金・ドル交換の意義 (上) (完) ―金・ドル交換停止以降の国際通貨関係の解明のために―」『立教経済学研究』第 33 巻第 3 号 (上), 第 33 巻第 4 号 (完)。
小西一雄［1981］［1982］,「過剰ドルと今日のドル体制 (上) (下) ―金・ドル交換停止後の過剰ドルの形成とその処理機構―」『金融経済』第 191 号 (上), 第 192 号 (下)。
小西一雄［1992］,「日本の金融大国化とドル体制」奥田宏司編『ドル体制の危機とジャパンマネー』青木書店。
小西一雄［1996］,「国際通貨ドルについての覚書―準備・介入通貨論と為替媒介通貨論―」『アメリカ研究シリーズ』(立教大学) 第 18 号。
小西一雄［2001］,「90 年代 (とくに後半) のアメリカの好況と経常収支赤字」理研報告レジュメ (於慶応大学) 12 月。
斎藤智美［2003］,「地域的国際通貨としてのユーロ―アンカー通貨機能を中心に―」『研究年報経済学』(東北大学) 第 64 巻第 4 号。
斎藤智美［2005］,「ユーロの国際的側面 (上) (下) 地域的国際通貨としての最新の展開」『世界経済評論』第 49 巻第 2 号 (上), 第 49 巻第 3 号 (下)。
財務省［2008］,「貿易取引通貨別比率 (平成 19 年下半期)」1 月。
佐々木隆雄［1981］,「貿易取引におけるドルの役割」『経済志林』(法政大学) 第 48 巻第 4 号。
佐藤清隆［1994］,「アジアにおける円の国際化―日本 - アジア間の円建て貿易の進展

と第三国貿易通貨としての円─」『証券経済』第189号。

佐藤清隆［1995］,「日本‐東アジア間の金融・資本取引の現状と円の国際化」『エコノミア』(横浜国立大学)第46巻第2号。

島義夫・河合祐子［2002］,『クレジット・デリバティブ入門』日本経済新聞社。

島崎久彌［1987］,『ヨーロッパ通貨統合の展開』日本経済評論社。

島野卓彌［1996］,『欧州通貨統合の経済分析』有斐閣。

真藤素一［1962］,「IMF体制下の管理通貨制度」『立命館経営学』第1巻第1号。

真藤素一［1977］,『国際通貨と金』日本評論社。

平勝廣［1981］,「『金融市場的国際通貨論』の検討─深町郁彌『現代資本主義と国際通貨』を読んで─」『同志社商学』第33巻2号。

平勝廣［2001］,『最終決済なき国際通貨制度:『通貨の商品化』と変動相場制の帰結』日本経済評論社。

高田太久吉［1999］,「国際金融システムの不安定性と脆弱性─マネーセンター銀行のトレーディング業務を中心に」『Working Paper』(中央大学企業研究所)No.1。

高田太久吉［2000］,『金融グローバル化を読み解く』新日本出版社。

高浜光信［1995］,「EMSにおける非対称性に関する一考察─ドイツ・マルクの準備・介入通貨が持つ意味─」『六甲台論集』(神戸大学大学院)第40巻第2号。

滝沢健三［1985］,『新訂　国際金融機構』文雅堂銀行研究社。

滝沢健三［1990］,『国際通貨論入門』有斐閣。

侘美光彦［1981］,「書評:現代資本主義と国際通貨」『経済学論集』(東京大学)第47巻第3号。

立石剛［2005］,「国際金融システム不安とドル本位制」荻原伸次郎・中本悟編『現代アメリカ経済─アメリカン・グローバリゼーションの構造─』日本評論社。

田中素香［1991］,『EC統合の新展開と欧州再編成』東洋経済新報社。

田中素香［1994］,「ドイツ・マルクの基軸通貨化・為替媒介通貨化と『欧州通貨圏』」『証券研究』第110巻。

田中素香［1995］,「ドイツ・マルクの為替媒介通貨化と国際ポートフォリオ投資─『コンヴァージェンス・トレンド』を題材に─」『研究年報経済学』(東北大学)第57巻第4号。

田中素香［1996a］,「EMSの創設」田中素香編『EMS:欧州通貨制度』有斐閣。

田中素香［1996b］,「後期EMS」田中素香編『EMS:欧州通貨制度』有斐閣。

田中素香［1996c］,「マルクの為替媒介通貨化」田中素香編『EMS:欧州通貨制度』有斐閣。

田中素香［2002］,『ユーロ─その衝撃とゆくえ─』(岩波新書)岩波書店。

田中素香［2003］,「国際通貨ユーロとユーロ圏」田中素香・藤田誠一編『ユーロと国際通貨システム』蒼天社。

田中素香［2004］,「ユーロ圏の中央銀行制度と金融政策」田中素香・春井久志・藤

誠一編『欧州中央銀行の金融政策とユーロ』有斐閣。
田中素香 [2008],「グローバル・インバランス―『世界不均衡』の性格の解明に向けて―」田中素香・岩田健治編『現代国際金融』(新・国際金融テキスト3) 有斐閣。
東京銀行調査部『東京銀行月報』各号。
東京銀行調査部『東銀経済四季報』各号。
徳永潤二 [2000],「アメリカン・マネーの理論的検討―国際的信用膨張に関する一考察―」『海外事情』(拓殖大学海外事情研究所) 第48巻第1号。
徳永潤二 [2005],「1990年代後半の国際資本移動におけるアメリカの役割」『金融経済研究』(金融学会) 第22号。
徳永潤二 [2006],「国際通貨国アメリカと国際資本移動」信用理論研究学会編『金融グローバリゼーションの理論』大月書店。
徳永正二郎 [1982],『現代外国為替論』有斐閣。
徳永正二郎編 [1996],『多国籍企業のアジア投資と円の国際化』税務経理協会。
鳥谷一生 [2004],「危機後における東アジア地域の通貨金融協力体制:『米ドル本位制』下における意義と限界」『大分大学経済論集』第56第3号。
内閣府政策統括官室 [2007],『世界経済の潮流　2007年秋』12月。
中尾茂夫 [1988],『世界マネーフロー』同文舘。
中尾茂夫 [1991],『ジャパンマネーの内幕』岩波書店。
中尾茂夫 [1996],『円とドルの存亡』三田出版社。
中島真志・宿輪純一 [2000],『決済システムのすべて』東洋経済新報社。
中條誠一 [2002],「アジアにおける円の国際化」『經濟學論纂』(中央大学) 第42巻第1・2号。
西倉高明 [1998],『基軸通貨ドルの形成』勁草書房。
日本金融新聞 [2005],「中国,決済『ドル離れ』容認―人民銀総裁が講演,通貨バスケット構成開示―」(8月11日)。
日本銀行 [2007],『外国為替およびデリバティブに関する中央銀行サーベイ (2007年4月中取引高調査) について:日本分集計結果』9月。
日本銀行信用機構局・金融市場局 [2005],「ヘッジファンドを巡る最近の動向」『日本銀行調査季報』夏号。
日本貿易振興会編 [2000],『ジェトロ貿易白書―世界と日本の貿易』日本貿易振興会。
深町郁彌 [1982],『現代資本主義と国際通貨』岩波書店。
深町郁彌 [1986],「国際銀行業―アメリカ商業銀行の国際的展開に関連させて―」小野朝男編『金・外国為替・国際金融』ダイヤモンド社。
深町郁彌 [1993],「基軸通貨ドルの侵食」深町郁彌編『ドル本位制の研究』日本経済評論社。
深町郁彌 [1994],「基軸通貨ドルの侵食と『不換通貨論』―伊藤武氏の理論をめぐって―」『松山大学論集』第6巻第3号。

福田昭良 [1995],「80年代 EMS 下でのドイツ・マルクの準備・介入通貨について」『証券経済』第193号.

冨士彰夫・篠田孝男・佐久間孝司 [1994],「欧州におけるマルクの役割」『東銀経済四季報』秋号.

藤川和隆 [1992],「欧州通貨制度 (EMS) におけるドイツ・マルク介入の意義」相沢幸悦編『EC 通貨融合の展望』同文館.

藤田誠一 [1985],「基軸通貨国の国際収支―国際的金融仲介仮説の検討―」『神戸大学経済学研究年報』第32号.

藤田誠一 [1988],「国際資金循環と国際通貨―国際通貨論の一視点―」『国民経済雑誌』(神戸大学) 第157巻第5号.

藤田誠一 [1992a],「基軸通貨制度と非対称性」『国民経済雑誌』(神戸大学) 第165巻第1号.

藤田誠一 [1992b],「EMS における非対称性」『国民経済雑誌』(神戸大学) 第165巻第2号.

藤田誠一 [1993],「書評:『国際通貨についての一考察:国際通貨ドイツ・マルクとの際会』」『国民経済雑誌』(神戸大学) 第169巻第4号.

藤田誠一 [1996],「国際資金循環と基軸通貨制度:基軸通貨論試論」『神戸大學經濟學研究年報』第42号.

藤田誠一 [1999],「国際決済と外国為替」上川孝夫・藤田誠一・向壽一編『現代国際金融論』有斐閣.

藤田誠一 [2003],「『ドル本位制』と国際資金循環」田中素香・藤田誠一編『ユーロと国際通貨システム』蒼天社.

藤田誠一 [2004],「国際通貨としてのユーロ」田中素香・春井久志・藤田誠一編『欧州中央銀行の金融政策とユーロ』有斐閣.

藤田誠一 [2006],「国際通貨制度の非対称性」信用理論研究学会編『金融グローバリゼーションの理論』大月書店.

藤田誠一・田中素香 [2006],「ドル・ユーロ2極体制とアジア」信用理論研究学会編『金融グローバリゼーションの理論』大月書店.

前田淳 [1986],「国際銀行業と国際金融取引の増大メカニズム」『経済論究』(九州大学) 第65号.

増田正人 [1992],「『円通貨圏』構想と第三国通貨としての円」『社會勞働研究』(法政大学) 第39巻第1号.

増田正人 [1995],「円の国際化の進展と東アジア経済圏」『社會勞働研究』(法政大学) 第42巻第3号.

松井均 [2000],『銀行原理と国際金融:流動性ジレンマ論の問題点と基軸通貨本位制の運営可能性』日本図書刊行会.

松川力造 [2004],「ニューヨーク発 変質を遂げつつグローバルに成長するヘッジフ

ァンド業界」『日経研月報』(日本経済研究所) 第317号。
松田岳 [2000],「アメリカ『株価急騰』の金融メカニズム」『立教経済学研究』第54巻第2号。
松村文武 [1985],『現代アメリカ国際収支の研究』東洋経済新報社。
松村文武 [1988],『債務国アメリカの構造』同文舘。
松村文武 [1993],『体制支持金融の世界―ドルのブラックホール化―』青木書店。
松本朗 [2007],「国際通貨・金融から考える日米関係の異常」『経済』 7月号。
水野和夫 [2006],「『金融の正常化』の最終目的は対外不均衡の是正」『水野レポート』(三菱UFJ証券) 7月。
みずほ総合研究所 [2007],『サブプライム金融危機―21世紀型経済ショックの深層―』日本経済新聞出版社。
三宅義夫 [1962],「兌換停止下の通貨の国際的側面」『経済評論』10月。
三宅義夫 [1968],『金』(岩波新書) 岩波書店。
三宅義夫 [1973],「金交換停止後の国際通貨問題についての若干の理論的考察」『現代と思想』第12号。
宮島秀直 [1999],『ヘッジファンドの興亡』東洋経済新報社。
向壽一 [1990],『信用創造・マネー循環・景気変動』同文舘。
毛利和子・森川裕二 [2006],『図説 ネットワーク分析』(東アジア共同体の構築4) 岩波書店。
山田喜志夫 [1989],「金」小野朝男・西村閑也編『国際金融論入門 第3版』有斐閣。
山田喜志夫 [1999],『現代貨幣論』青木書店。
山本栄治 [1988],『基軸通貨の交替とドル』有斐閣。
山本栄治 [1994],『「ドル本位制」下のマルクと円』日本経済評論社。
山本栄治 [1995],「三極通貨体制の構造―為替媒介通貨からの分析―」『福岡大学商学論叢』第39巻3・4号。
山本栄治 [1997],『国際通貨システム』岩波書店。
山本栄治 [2002],『国際通貨と国際資金循環』日本経済評論社。
横山史生 [2006],「アジア債券市場育成構想における市場の重層性」『証券レポート』第1636号。
吉冨勝 [2003],『アジア経済の真実』東洋経済新報社。
李立栄 [2008],「サブプライム問題発生のメカニズムとアメリカ経済・金融への影響」『Business & Economic Review』(日本総合研究所), 2月号。

欧文献

Asian Development Bank [2005], "Asia Bond Monitor 2005," November.
Asian Development Bank, *Asia Bond Monitor*, various issues.
Bach, C.L. [1996], "U.S. International Transactions, Fourth Quarter and Year 1995,"

Survey of Current Business, April.

Bach, C.L. [2000], "U.S. International Transactions, Fourth Quarter and Year 1999," *Survey of Current Business*, April.

Bach, C.L. [2001], "U.S. International Transactions, Fourth Quarter and Year 2000," *Survey of Current Business*, April.

Bach, C.L. [2002], "U.S. International Transactions, Fourth Quarter and Year 2001," *Survey of Current Business*, April.

Bach, C.L. [2005], "U.S. International Transactions 2004," *Survey of Current Business*, April.

Bach, C.L. [2007], "U.S. International Transactions in 2006," *Survey of Current Business*, April.

Bank of Korea, *Monthly Statistical Bulletin*, various issues.

Bernadette A.M., R. Stulz and R. Williamson [2005], "How Much Do Banks Use Credit Derivatives to Reduce Risk?," *AFA 2007 Chicago Meetings Paper*, July.

Bernanke, B.S. [2005], "The Global Saving Glut and the U.S. Current Account," Sandridge Lecture at the Virginia Association of Economists, March.

Bernanke B.S. [2007], "Global Imbalances: Recent Developments and Prospects", Bundesbank Lecture, September.

Bertuch-Samuels, A. [2006], "The Role of the Euro as an International Currency," Conference on Experience with and Preparations for the Euro, Oesterreichische Nationalbank, May.

Black, S.W. [1990], "The International Use of Currencies," Y. Suzuki, J. Miyake and M. Osaka eds., *The Evolution of the International Monetary System*, Tokyo University Press.

Bloomfield, A.I. [1959], *Monetary Policy under the International Gold Standard*, 1880-1914, Federal Reserve Bank of New York.（小野一一郎・小林龍馬共訳［1975］，『金本位制と国際金融：1880-1914年』日本評論社）

BIS [1993], "Central bank Survey of Foreign Exchange Market Activity in April 1992," March.

BIS [1996], "Central bank Survey of Foreign Exchange and Derivatives Market Activity 1995," May.

BIS [1999], "Central bank Survey of Foreign Exchange and Derivatives Market Activity 1998," March.

BIS [2002], "Triennial Central Bank Survey of Foreign Exchange and Derivatives Market Activity 2001," March.

BIS [2005], "Triennial Central Bank Survey Foreign Exchange and Derivatives Market Activity in 2004," March.

BIS [2007], "Triennial Central Bank Survey of Foreign Exchange and Derivatives Market Activity in 2007," December.
Board of Governors of the Federal Reserve System, *Flow of Funds of Accounts of the United States*, various issues.
Brunner, A.D. [1996], "U.S. International Transactions in 1995," *Federal Reserve Bulletin*, May.
Carlson, M. and G.C. Weinbach [2007], "Profits and Balance Sheet Developments at U.S. Commercial Banks in 2006," *Federal Reserve Bulletin*, July.
Chrystal, K.A. [1977], "Demand for International Media of Exchange," *American Economic Review*, Vol.67, Issue 5, December.
Chu, C., Yik-ko Mo, G. Wong and P. Lim [2006], "Financial Integration in Asia," *Hong Kong Monetary Authority Quarterly Bulletin*, December.
Commission of the European Communities [1990], "Monetary Coordination in Stage I of EMU," *European Economy*, No.46.
Commission of the European Communties [1993], "The ERM in 1992," *European Economy*, No.54.
Commission of the European Communities [1994], "ERM Tensions and Monetary Policies in 1993," *European Economy*, No.56.
Commission of the European Communities [1995], "The Impact of Currency Fluctuations on the Internal Market," COM (95) 503 final, October.
Commission of the European Communities, *European Economy*, various issues.
Committee of Governors of the Central Bank of the Member States of the European Economic Community [1993], "The Implications and Lessons to be Drawn from the Recent Exchange Rate Crisis," *BIS Review*, No.99, June.
Cooper, R.N, [2001], "Is the U.S. Current Account Deficit Sustainable?: Will it be Sustained?," *Brooking Papers on Economic Activity*, January.
Council of Economic Advisers [1994], *Economic Report of the President Transmitted to the Congress, February 1994: Together with the Annual Report of the Council of Economic Advisers*, February.（平井規之監訳 [1994]，『1994年米国経済白書』（『エコノミスト』（毎日新聞社）臨時増刊，4月11日号）
Council of Economic Advisers [1998], *Economic Report of the President: Transmitted to the Congress, February 1998: Together with the Annual Report of the Council of Economic Advisers*, February.（平井規之監訳 [1998]，『1998年米国経済白書』（『エコノミスト』（毎日新聞社）臨時増刊，5月4日号）
Council of Economic Advisers [2003], *Economic Report of the President: Transmitted to the Congress, February 2003: Together with the Annual Report of the Council of Economic Advisers*, February.（萩原伸次郎監訳 [2003]，『2003年米国経済

白書』(『エコノミスト』(毎日新聞社) 臨時増刊, 6月9日号)
Council of Economic Advisers [2004], *Economic Report of the President: Transmitted to the Congress, February 2004: Together with the Annual Report of the Council of Economic Advisers*, February. (萩原伸次郎監訳 [2004], 『2004年米国経済白書』(『エコノミスト』(毎日新聞社) 臨時増刊, 5月17日号)
Council of Economic Advisers [2006], *Economic Report of the President: transmitted to the Congress, February 2006: Together with the Annual Report of the Council of Economic Advisers*, February. (萩原伸次郎監訳 [2006], 『2006年米国経済白書』(『エコノミスト』(毎日新聞社) 臨時増刊, 5月22日号)
Czech National Bank [2007], "Central Bank Survey of Foreign Exchange and Derivatives Market Activity 2007," September.
Danmarks Nationalbank [2007], "Central Bank Survey of Foreign Exchange and Derivatives Market Activity 2007," September.
Department of the Treasury, Federal Reserve Bank of New York, Board of Governors of the Federal Reserve System [2007], "Report on Foreign Portfolio Holdings of U.S. Securities as of June 30, 2006," May.
Department of the Treasury, Federal Reserve Bank of New York, Board of Governors of the Federal Reserve System, *Report on Foreign Portfolio Holdings of U.S. Securities*, various issues.
Deutsche Bundesbunk [1979], "The Deutsche Mark as an International Investment Currency," *Monthly Report of the Deutsche Bundesbank*, November. (大蔵省大臣官房調査企画課訳 [1980], 「国際的な投資通貨となったドイツ・マルク」『調査月報』第69巻第1号)
Deutsche Bundesbunk [1988], "Forty Years of the Deutsche Mark," *Monthly Report of the Deutsche Bundesbunk*, May.
Deutsche Bundesbunk [1990], "Longer-term Trends in Global Monetary Reserves," *Monthly Report of the Deutsche Bundesbank*, January.
Deutsche Bundesbank [1993], "Annual Report 1993,".
Deutsche Bundesbank, *Monthly Report*, various issues.
Dooley, M., D. Folkerts-Landau and P. Garber [2004], "The US Current Account Deficit: Collateral for a Total Return Swap," *Deutsche Bank Global Markets Research*, August.
European Central Bank [2001], *Review of the International Role of the Euro*, September.
European Central Bank [2007a], *Review of the International Role of the Euro*, June.
European Central Bank [2007b], "Currency Breakdown of Exports and Imports of Selected EU Countries," June.

European Central Bank, *Monthly Bulletin*, various issues.
European Commision, *Bulletin of European Union*, various issues.
Eichengreen, B.J., D.J. Mathieson, S. Sharma, B. Chadha, L. Kodres and A. Jansen [1998], "Hedge Funds and Financial Market Dynamics," *IMF Occasional Paper*, No.166. (松崎延寿訳 [1999], 『ヘッジファンドの素顔：IMF報告書』シグマベイスキャピタル)
English, W.B. and W.R. Nelson [1998], "Profits and Balance Sheet Developments at U.S. Commercial Banks in 1997," *Federal Reserve Bulletin*, June.
Federal Reserve Bank of New York [2007], "Treasury and Federal Reserve Foreign Exchange Operations," July-September.
Fender, I. and G. Galati [2001], "The Impact of Transatlantic M&A Activity on the Dollar/euro Exchange Rate," *BIS Quarterly Review*, December.
Fitch Ratings [2005], "Hedge Funds: An Emerging Force in the Global Credit Markets," *Special Report*, July.
Fitch Ratings [2007], "Hedge Funds: The Credit Market's New Paradigm," *Special Report*, July.
Gadanecz, B. and K. von Kleist [2000a], "Highlights of International Financing," *BIS Quarterly Review*, August.
Gadanecz, B. and K. von Kleist [2000b], "Highlights of International Financing," *BIS Quarterly Review*, November.
Gagnon, J.E. [2001], "U.S. International Transactions in 2000," *Federal Reserve Bulletin*, May.
Galati, G. and A. Heath [2007], "What Drives the Growth in FX Activity?: Interpreting the 2007 Triennial Survey," *BIS Quarterly Review*, December.
Giavazzi, F. and A. Giovannini [1989], *Limiting Exchange Rate Flexibility: The European Monetary System*, MIT Press.
Giavazzi, F. and M. Pagano [1988], "The Advantage of Trying One's Hands: EMS Discipline and Central Bank Credibility," *European Economic Review*, Vol.32, Issue 5.
Giovannini, A. [1992], "European Monetary System," P. Newman, M. Milgate and J. Eatwell eds., *The Palgrave Dictionary of Money & Finance*, No.1, Macmillan.
Goldberg, L.S. and C. Tille [2005], "Vehicle Currency Use in International Trade," *FRB of New York Staff Report*, No.200, January.
Gourinchas, Pierre-Olivier and H. Rey [2005], "From World Banker to World Venture Capitalist: The US External Adjustment and the Exorbitant Privilege," *NBER Working Paper*, No.11563, August.
Greenspan, A., [2004], "The Evolving U.S. Payments Imbalance and its Impact on

Europe and the Rest of the World," *Cato Journal*, Vol.24, Nos.1-2.

Greenspan, A. and J. E. Kennedy [2007], "Sources and Uses of Equity Extracted from Homes," *FRB Finance and Economics Discussion Series*, No.2007-20, March.

OECD [2007], *Financial Market Trends*, No.93, November.

U.S. Department of Commerce [2002], *Digital Economy* 2002, February. (室田泰弘編 [2002], 『ディジタル・エコノミー 2002／03』東洋経済新報社)

Gros, D. and N. Thygesen [1992], *European Monetary Integration: From the European Monetary Sysrem to European Monetary Union*, Longman.

Group of Ten [1993], *International Capital Movements and Foreign Exchange Markets*, April.

Haldane, A.G. [1991], "The Exchange Rate Mechanism of the European Monetary System: A Review of the Literature," *Bank of England Quarterly Bulletin*, Vol.31, No.1, February.

Hartmann, P. [1998], *Currency Competition and Foreign Exchange Markets: The Dollar, the Yen and the Euro*, Cambridge University Press.

Higgins, M. and T. Klitgaard [1998], "Viewing the Current Account Deficit as a Capital Inflow," *Current Issues in Economics and Finance*, Federal Reserve Bank of New York, Vol.4, No.13, December.

Higgins, M., and T. Klitgaard [2004], "Reserve Accumulation: Implications for Global Capital Flows and Financial Markets," *Current Issues in Economic and Finance*, Federal Reserve Bank of New York, Vol.10, No.10, September.

Holman, J.A. [2001], "Is the Large U.S. Current Account Deficit Sustainable?," *Economic Review*, Federal Reserve Bank of Kansas City, Issue First Quarter.

Hong Kong Monetary Authority [2007], "The Foreign Exchange and Derivatives Markets in Hong Kong," *Hong Kong Monetary Authority Quarterly Bulletin*, December.

IMF [1993], *International Capital Markets: Part I. Exchange Rate Management and International Capital Flows*, June.

IMF [1997], *International Capital Markets: Development, Prospects and Key Policy Issues*, November.

IMF [1998], *World Economic Outlook and International Capital Markets Interim Assessment*, December.

IMF [2001], *World Economic Outlook: The Information Technology Revolution*, October.

IMF [2006a], *Global Financial Stability Report: Market Developments and Issues*, April.

IMF [2006b], *Global Financial Stability Report: Market Developments and Issues*,

September.

IMF [2007], "Review of Exchange Arrangements, Restrictions, and Controls," November.

IMF, *Annual Report*, various issues.

IMF, *Direction of Trade Statistics*, various issues.

IMF, *International Financial Statistics*, various issues.

Kamps, A. [2006], "The Euro as Invoicing Currency in International Trade," *ECB Working Paper Series*, No.665, August.

Kindleberger, C.P., E. Despres, and W.S. Salant [1966], "The Dollar and World Liquidity: A Minority View," *The Economist*, February 5, C.P. Kindleberger [1981], *International Money: A Collection of Essays*, Geroge Allen & Unwin. (益戸欽ほか訳 [1983],「ドルと世界流動性―少数意見―」『インターナショナル・マネー』産業能率大学出版部)

Kouparitsas, M. [2004], "How Worrisome is the U.S. Net Foreign Debt Position?," *Chicago Fed Letter*, Federal Reserve Bank of Chicago, No.202, May.

Lim, Ewe-Ghee [2006], "The Euro's Challenge to the Dollar: Different Views from Economists and Evidence from Currency Composition of Foreign Exchange Reserves (COFER)," *IMF Working Paper*, WP/06/153, June.

Mann, C.L. [1999], *Is the U.S. Trade Deficit Sustainable?*, Institute for International Economics.

Masera, R.S. [1987], "An Increasing Role for the ECU," *Essays in International Finance*, Princeton University Press, No.167, June.

Mastropasqua, C., S. Micossi and R. Rinaldi [1988], "Interventions, Sterilization and Monetary Policy in European Countries, 1979-87," F. Giavazzi, S. Micossi and M. Miller eds., *The European Monetary System*, Cambridge University Press.

McCauley, R.N. and Yung-Chul Park [2006], "Developing the Bond Market(s) of East Asia: Global, Regional or National?," *BIS Papers*, No 30, November.

McGuire, P. and N. Tarashev [2005], "The International Banking Market," *BIS Quarterly Review*, September.

McGuire, P. and N. Tarashev [2006], "The International Banking Market," *BIS Quarterly Review*, June.

Mckinnon, R.I. [1969], "Private and Official International Money," *Essays in International Finance*, Princeton University Press, No.74, April.

McKinnon, R.I. [1979], *Money in International Exchange: The Convertible Currency System*, Oxford University Press. (鬼塚雄丞・工藤和久・河合正弘訳 [1985],『国際通貨・金融論』日本経済新聞社)

Monti, M. [1996], *The Single Market and Tomorrow's Europe*, Office for Official

Publications of the European Communities, Kogan Page.（田中素香訳 [1998]，『EU 単一市場とヨーロッパの将来―モンティ報告―』東洋経済新報社）

Ngiam, K.J. [2002], "Monetary and Financial Cooperation in East Asia: The Singapore Perspective," PECC Finance Forum Conference: Issues and Prospects for Regional Cooperation for Financial Stability and Development, August.

Nishihara, R. [2005], "Central Banks and Bond Market Development in EMEAP Countries," *Report of the BOJ High-Level Workshop for EMEAP members* 2004, June.

Obstfeld, M. and K. Rogoff [2004], "The Unsustainable US Current Account Position Revisited," *NBER Working Paper*, No.10869, October.

Papaioannou, Elias and R. Portes [2008], "The International Role of the Euro: A Status Report," *European Economy Economic Papers*, No.317, April.

Pierce, K.K. and M.J. Argersinger [2005], "U.S. International Transactions Second Quarter of 2005," *Survey of Current Business*, October.

Roubini, N. and B. Setser [2004], "The US as a Net Debtor: The Sustainability of the US External Imbalance," November.

Rueff, J. [1971], *Le Péché Monétaire de l'occident*, Plon.（長谷川公昭・村瀬満男訳 [1973]，『ドル体制の崩壊』サイマル出版会）

Russo, M. and G. Tullio [1988], "Monetary Coordination within the European Monetary System: Is There a Rule?," F. Giavazzi, S. Micossi, and M. Miller eds., Cambridge University Press.

Seong-Hum, Yun [2005], "An Essay on Invoicing Currency Practices for Korean Exports," *Economic Papers*, Bank of Korea, Vol.8, No.1, September.

Smaghi, L.B. and S. Misconi [1990], "Monetary and Exchange Rate Policy in the EMS with Free Capital Mobility," P. De Grauwe and L. Papademos eds., *The European Monetary System in the 1990's*, Longman.

Swoboda, A. [1969], "Vehicle Currencies and the Foreign Exchange Markets: The Case of the Dollar," R.Z. Aliber ed., *International Market for Foreign Exchange*, Praeger.

Tavlas, G.S. [1991], "On the International Use of Currencies: The Case of Deutsche Mark," *Essays in International Finance*, Princeton University Press, No.181, March.

Tavlas, G.S. [1992], "Vehicle Currency," P. Newman, M. Milgate and J. Eatwell eds., *The Palgrave Dictionary of Money & Finance*, No.3, Macmillan.

Tavlas. G.S. and Y. Ozeki [1992], "The Internationalization of Currencies: An Appraisal of the Japanese Yen," *IMF Occasional Paper*, No.90, January.

The Foreign Exchange Markets Participant's Study Group [1980], *The Foreign Exchange Markets under Floating Rates: A Study in International Finance*, Group of

Thirty.（大蔵省大臣官房調査企画課訳［1980］,「変動相場下の外国為替市場」『調査月報』第69巻第8号）

The Joint Forum [2005], *Credit Risk Transfer*, BIS, March.

The President's Working Group on Financial Markets [1999], "Hedge Funds, Leverage and the Lesson of Long-Term Capital Management," April.

The Singapore Foreign Exchange Market Committee [2007], "Survey of Singapore Foreign Exchange Volume in April 2007," July.

Thomson Financial [2006a], "Merger & Acquisitions Review," Fourth Quarter.

Thomson Financial [2006b], "Syndicated Loans Review," Fourth Quarter.

Thomson Financial [2007], "Merger & Acquisitions Review," Fourth Quarter.

Triffin, R. [1960], *Gold and the Dollar Crisis: The Future of Convertibility*, Yale University Press.（村野孝・小島清監訳［1961］,『金とドルの危機：新国際通貨制度の提案』勁草書房）

Weinberg, D.B. [2000], "U.S. International Transactions, First Quarter 2000," *Survey of Current Business*, July.

Wincoop, E. van and Kei-Mu Yi [2000], "Asian Crisis Post-mortem: Where did the Money Go and did the United States Benefit?," *BIS Conference Papers*, No.8, March.

Ypersele, J. van and J.C. Koeune [1985], *Le Système Monétaire Européen*, Origines, Fonctionnement et Perspectives, Second Edition, Office des Publication Officielles des Communautés Européennes.（東京銀行ブラッセル支店訳［1986］,『EMS（欧州通貨制度）—その歴史と展望』東銀リサーチインターナショナル）

ウェブサイト

外務省　http://www.mofa.go.jp/mofaj/
経済産業省　http://www.meti.go.jp/
財務省　http://www.mof.go.jp/
日本銀行　http://www.boj.or.jp/
米商務省経済分析局　http://www.bea.gov/
米連邦預金保険公社　http://www.fdic.gov/
米財務省国際資本報告システム　http://www.treas.gov/tic/
駐日欧州委員会代表部　http://www.deljpn.ec.europa.eu/
インドネシア中央銀行　http://www.bi.go.id/web/en
タイ中央銀行　http://www.bot.or.th/BOTHOMEPAGE/index/index_e.asp
国際決済銀行（BIS）　http://www.bis.org/
国際通貨基金（IMF）　http://www.imf.org/
PACIFIC Exchange Rate Service　http://fx.sauder.ubc.ca/

付表1　ヨーロッパにおける脱ドルの動き

1950年	欧州支払同盟（EPU）の成立［9］
51年	ベルギー，西ドイツ，フランス，イタリア，ルクセンブルク，オランダの六カ国，ECSC（欧州石炭鉄鋼共同体）の設立条約に調印［4］
57年	欧州経済共同体（EEC）条約及び欧州原子力共同体（Euratom）条約（ローマ条約）の調印［3］
58年	ローマ条約発効［1］　欧州12カ国の通貨交換性の回復［12］　欧州通貨協定（EMA）の発足［12］
65年	欧州三共同体（ECSC, EEC, Euratom）の理事会及び執行機関を統合する条約（ブリュッセル条約）の調印［4］
67年	ブリュッセル条約発効［7］　EC（欧州共同体）の発足［7］
68年	関税同盟の完成，対外共通関税創設［7］
70年	ウェルナー報告の発表［10］
71年	欧州各国の外国為替市場閉鎖［8］　主要国の市場再開［8］
72年	EC 6カ国が縮小為替変動幅（スネーク発足，変動幅は上下1.125％）を導入［4］
73年	イギリス，デンマーク，アイルランドがEC加盟（加盟国数：9カ国）［1］
	アイルランド，イタリア，イギリスがスネークを離脱　EC 6カ国が共同フロート制移行［3］
74年	フランス，EC共同フロート制を離脱［1］
75年	フランス，EC共同フロート制に復帰［7］
79年	欧州通貨制度（EMS）創設［3］
81年	ギリシャ，EC加盟（加盟国数：10カ国）［1］
85年	「域内市場白書」の承認［6］
86年	スペイン，ポルトガルのEC加盟（加盟国数：12カ国）［1］
87年	単一欧州議定書の発効［7］　バーゼル・ニューボア合意［9］
89年	ドロール委員会報告の承認［6］　スペイン，ERM参加［6］
90年	経済通貨同盟（EMU）第1段階の開始［7］　東西ドイツ統一［10］　イギリス，ERM加盟［10］
92年	欧州連合条約（マーストリヒト条約）の調印［2］
	ポルトガル，EMS参加［4］
	欧州通貨危機の発生　イギリス，イタリアがERM離脱［9］
	EC市場統合完成（93年1月，単一市場発足）［12］
93年	欧州通貨危機の発生［7］
	EMS変動幅を拡大（上下2.25％→15％）［8］

	欧州連合条約の発効により欧州連合 (EU) が創設 [11]
94 年	EMU 第 2 段階の開始。欧州通貨機関 (EMI) 設立 [1]
95 年	オーストリア，フィンランド，スウェーデンが EU に加盟 (加盟国数：15 ヶ国) [1]　オーストリア，ERM 参加 [1]
	単一通貨の名称をユーロに決定 [12]
96 年	フィンランド，ERM に参加 [10]　イタリア，ERM に復帰 [11]
	経済安定・成長協定 (SGP) の合意 [12]
97 年	新欧州連合条約 (アムステルダム条約) の調印 (99 年 5 月，発効) [10]
98 年	ギリシャ，ERM に参加 [3]　通貨統合参加 11 カ国を決定 [5]
	欧州中央銀行 (ECB) の発足 [6]
99 年	EMU 第 3 段階の開始 (単一通貨ユーロの誕生) [1]
2000 年	ユーロネクストの発足 (パリ，アムステルダム，ブリュッセルの三証券取引所の合併) [9]
	再改正欧州連合条約 (ニース条約) の合意 (03 年 2 月，発効) [12]
01 年	ギリシャ，ユーロに参加 (通貨統合参加国数：12 カ国) [1]
02 年	ユーロ紙幣・硬貨の流通開始 [1]
	EU12 カ国でユーロが唯一の法定通貨となる [3]
03 年	チェコ，エストニア，キプロス，ラトヴィア，リトアニア，ハンガリー，マルタ，ポーランド，スロヴェニア，スロヴァキアが EU に加盟 (加盟国数：25 カ国) [5]
	エストニア，リトアニア，スロヴェニアが ERMII 参加 [6]
05 年	キプロス，ラトヴィア，マルタが ERMII 参加 [5]
	トルコ，クロアチアとの EU 加盟交渉開始 [10]
	スロヴェニアが ERMII に参加 [11]
07 年	スロヴェニア，ユーロに参加 (通貨統合参加国数：13 カ国) [1]
	ブルガリアとルーマニアが EU に加盟 (加盟国数：27 カ国) [1]
	TARGET2 の稼動 [11]　リスボン条約の調印 [12]
08 年	キプロス，マルタのユーロ参加 (通貨統合参加国数：15 カ国) [1]

(参考文献)
上川孝夫・藤田誠一・向壽一 [2007] 巻末の「国際通貨体制に関する年表」；駐日欧州委員会代表部ウェブサイト「欧州統合の歩み」，「ユーロへの道」「経済通貨同盟に関する年表 (1969 年 - 2002 年)」；新聞報道を主に参考にして作成。

付表2　東アジアにおける脱ドルの動き

1997年	アジア通貨危機の発生［7］　タイ，事実上のドル連動である通貨バスケット方式から管理変動相場に移行［7］ タイ支援国会合（東京）で金融支援承認［8］ インドネシアが管理変動相場制から独立変動相場制に移行［8］ IMF・世銀総会（香港）において，日本が「アジア通貨基金」の創設を提唱［9］ アジア蔵相・中央銀行総裁代理会合（マニラ）において，アジア通貨安定策としてIMFを補完する金融支援制度（マニラ・フレームワーク）を承認［11］ IMF，インドネシア向け金融支援を承認［11］ 韓国，IMF支援で合意［12］
98年	日本，東南アジア経済安定化などのための緊急対策［2］ 日本，総合経済対策におけるアジア支援策［4］ 日本版ビックバンの開始［4］ マレーシア，資本流出規制［9］ 新宮澤構想の開始（300億ドル規模）［10］ 日本，アジア諸国等の経済構造改革支援のための特別円借款の発表［12］
99年	外国為替等審議会，「21世紀に向けた円の国際化—世界の経済・金融情勢の変化と日本の対応—」を発表［4］ 新宮澤構想第2ステージの開始（民間支援活用）［5］ マレーシア，東アジア通貨基金構想を提唱［10］ ASEAN＋3首脳会議（マニラ），「東アジアにおける自助・支援メカニズムの強化」の必要性に言及［11］
2000年	ASEAN＋3蔵相会議（タイ・チェンマイ），チェンマイ・イニシアティブ（CMI）を合意［5］
01年	ASEAN＋3蔵相会議（ホノルル），日本が韓国・マレーシア・タイとの間でスワップ取極について実質的に合意［5］
02年	日本と中国，円・元間の双方向スワップ取極（上限30億ドル相当）を締結［3］ ASEAN＋3非公式セッション（チェンマイ）において，日本がアジア債券市場育成イニシアティブ（ABMI）を提案［12］
03年	円の国際化推進研究会，「円の国際化の推進—円の国際化推進研究会—座長とりまとめ」を発表［1］ 東アジア・オセアニア中央銀行役員会議（EMEAP），アジア・ボンド・ファンド（ABF）創設を発表［6］

	2003年末までに，当初想定していたCMIのBSAネットワークが完成
04年	ASEAN＋3財務大臣会議（韓国・済州島），CMIの強化とアジア・ボンド・ウェブサイト（ABW）の立上げで合意［5］
	EMEAP，ABF Ⅱの開始を発表［12］
05年	ASEAN＋3財務大臣会議（イスタンブール），CMIの強化とABMIの更なる加速・推進で合意［5］
	EMEAPがABF Ⅱの運用開始［5］
	日本と韓国，円・ウォン間の双方向スワップ取極（上限30億ドル相当）を締結［7］
	中国，人民元を約2％引き上げる（1ドル＝8.28元→8.11元）とともに，ドルペッグ制を廃止し通貨バスケットに基づく管理された変動相場制に移行［7］
	マレーシア，ドルペッグ制から貿易額でウェイト付けされた通貨バスケットに連動した管理変動相場制度に移行［7］
	第1回東アジア首脳会議（クアラルンプール）の開催［12］
06年	中国，日本を抜いて外貨準備高世界第一位となる［2］
	ASEAN＋3財務大臣会議（インド・ハイデラバード）において，東アジア地域における流動性支援のためのより発展した枠組み（「CMIのマルチ化」）の検討で合意［5］
07年	第2回東アジア首脳会議（フィリピン・セブ島）の開催［1］
	ASEAN＋3財務大臣会議（京都）において，一本の契約の下で，各国が運用を自ら行う形で外貨準備をプールすることで原則一致［5］
	中国，人民元の変動幅を0.3％から0.5％に拡大［5］
	第3回東アジア首脳会議（シンガポール）の開催［11］
	ASEAN＋3首脳会議（シンガポール），今後の十年間の協力強化に向けた「東アジア協力に関する第二声明」を採択［11］
08年	ASEAN＋3財務大臣会議（マドリード），CMIマルチ化の総額（800億ドル規模）とその拠出割合（ASEAN諸国：20対日中韓：80）について合意［5］
	日本とインド，スワップ取極（上限30億ドル）を締結［6］

（参考文献）

上川孝夫・藤田誠一・向壽一［2007］巻末の「国際通貨体制に関する年表」；毛利和子［2006］第1部；財務省ウェブサイト「アジア域内における金融協力」；外務省ウェブサイト「アジア通貨危機以降の地域金融協力について」，「アジア」；日本銀行ウェブサイト「国際金融の概要」「EMEAP（東アジア・オセアニア中央銀行役員会議）」；新聞報道を主に参考にして作成。

事項索引

あ行

IMF 40
アジア債券基金（ABF） 154
　ABF1 154
　ABF2 154
アジア債券市場育成策 153
アジア債券市場イニシアティブ（ABMI） 153
アジア通貨危機 148
ASEAN 134
ASEAN＋3 150
「新しい」国際通貨論 19
アメリカ 13
　――の大手商業銀行 80
　――の銀行 55
　――の銀行による「従属的な資金供給」 59
　――の経常収支赤字 37,66
　――の国際金融仲介機能 40
　――の国際収支赤字の「自動的」ファイナンス 46
　――の国際通貨国特権 30
　――の国際通貨国特権の将来 30
　――の世界最大の債務（大）国化 26,43
　――の能動性 61
　――を起点とする資金 82
アメリカの金融機関 61
　――の対外資金供給 61
アンカー通貨 44
ERM 96
ERM II 117
EMS 95
　――下の域内固定相場制 101
　――のアンカー 101
　――の成功 106
　――の創設 96
　――の創設目的 95
EMCF 97
EMU 116
域内貿易（東アジア） 134
　――（ヨーロッパ） 105
　――乖離指標方式 98
　――中心相場 97
EC 96
　――諸国 103
イタリア・リラ 112
EU 96
　――加盟候補国 117
　――加盟申請国 117
　――新規加盟国 117
　――15カ国 140
　――25カ国 134
イングランド銀行 112
「上から」と「下から」の脱ドル（東アジア） 133,150
　――（ヨーロッパ） 108,125-126
「上から」の国際通貨化 23
「上から」の脱ドル（東アジア） 156
　――（ヨーロッパ） 103-104,108
上向転化 19
（N－1）論 42
ABS 89
英ポンド 45,112
ECU 96
SPC 77

FRB　54
エマージング（新興）諸国　41
M&A
　IT関連の——　61
　株式交換型方式の——　60
　——関連の資金供給　58
　世界的な——　79
MBS　89
円　45
　——対価　145
　——建て　136
欧州通貨危機　101
オフショア金融センター（OFCs）　46
オフバランス取引　55

か行

価格の度量標準　14
外為替市場介入　19
　——の意義　24
外国資本流入　65
　大規模な——　65
介入通貨　22
　——ドルの自立化・発展　28
株式投資（アメリカ）　58
株式交換型方式　60-62
為替リスク　20
　——の増大　21
カリブ海金融センター　53
為替資金・持高操作　18
為替媒介通貨　20
　——機能　20
　——ドルの侵食　27
　——論　20
管理通貨制度　13
期間ミスマッチ　151　153
基準・介入・準備通貨機能　22
基準通貨　22

擬似通貨同盟　111
キャッシュアウト・リファイナンス　89
旧IMF体制　14
　——下の固定相場制　20
金1オンス=35ドル　14
銀行間外国為替市場（為替銀行）　18
　——レベル　18,22
　——レベルの為替媒介通貨機能　45
　——レベルの債権債務関係　19
銀行間取引通貨　19
金　15
　——裁定取引　20
　——現送　21
　——準備　21
　——準備の限度を超えた国際収支赤字の拡大　26
　——兌換　14
　——の自由輸出入　14
　——平価　14
金ドル交換　13
　——停止　15
　——停止後の変動相場制　20
クレジット市場　77
クロス取引　27
景気拡大（アメリカ）
　金融活況下での——　70
　低インフレ下での——　69
ケイマン諸島　75
契約・決済通貨　22
契約通貨　22
決済通貨　22
コア（中心）諸国　113
公的外貨準備　118
公的（通貨当局）レベル　18
　——の基準・介入・準備通貨機能　44

事項索引 187

　　——の国際通貨機能　22,133
　　——の債権債務関係　19
公的国際通貨　19
高レバレッジ機関　55
国際金為替本位制　14
国際金融仲介機能　40
国際金融仲介機能論　30
　　——の批判的検討　37
国際決済　18
　　——手段　42
国際債市場　140
国際資本移動
　　アメリカを中心とする——　37
　　——におけるアメリカの能動性　53,82
　　——の起点　42
　　——における国際通貨国アメリカの役割　37
国際収支節度　13,30
　　——の大幅な喪失　29
国際通貨　16
　　——関係　14
　　——建て当座預金残高　42
　　——と金　16
　　——の実態　42
　　特定国通貨の——化（＝為替媒介通貨化）　19,23
国際通貨機能　19
　　——の三つのレベル　95
国際通貨国　41
　　——アメリカ　43
国際通貨国特権　30
国際通貨システム　13
　　——の中心的問題　25
国際通貨ドル　26
　　——における非対称性　42
　　——の一極（東アジア）　156

　　——の一極（ヨーロッパ）　126
国際的強制通用力　16
国際的最終決済　21
　　——機能　24
国際的な債権債務関係　19
国際的なトレーディング業務　80,81
国際流動性　17
固定相場制　15
コンヴァージェンス取引　104

さ 行

財務省証券投資（アメリカ）　56
「三角貿易」構造　134
三極通貨システム　13
三極通貨体制論　13
三大マネーセンターバンク（アメリカ）　81
GSE　89
自己勘定　56
「自国通貨建て借入」能力　125
自国通貨建て債務　42
自国通貨建て貿易　46
　　——（東アジア）　135
　　——（ヨーロッパ）　95
自国通貨による国際収支赤字ファイナンス　43,125
資産決済　28
事実上のマルク圏　115
「下から」の国際通貨化　23
「下から」の脱ドル（東アジア）　156
　　——（ヨーロッパ）　105,108
私的国際通貨　19
社債投資（アメリカ）　91
重層的な国際通貨概念　18
住宅金融市場　89
柔軟な為替相場制度　148
準備・介入通貨論　26

準備通貨　22
証券・投資銀行業務　80
少数意見　17
情報化投資　66
JPモルガン・チェース銀行　81
シティバンク　81
シンジケートローン　58
　　M&A関連の国際的――　80
　　国際的――　79
シンセティックCDO　77
信用創造　42
スペイン・ペセタ　112
西欧諸国通貨　108
　　――建ての域内ポートフォリオ投資　104
　　――の契約・決済通貨化　105
　　――の投資・調達通貨化　105
政府関連機関債投資（アメリカ）　89
世界貨幣金　15,16
　　――の代理物　16
世界的な貯蓄過剰　40
世界の銀行　40
世界の金融コングロマリット　82
1995年のEMS混乱　113

た行

対顧客取引　20
　　――市場　106
対称的な通貨制度　95
体制支持金融　26
兌換制　14
　　――下の国際通貨関係　14
　　――の基本的条件　14
　　――の基本的条件の喪失　14
多数意見　17
脱ドル（東アジア）　133
　　――（ヨーロッパ）　95

ダブル・ミスマッチ　150
短期借り・長期貸し　41
短期資金供与制度　150
地域的国際通貨ユーロ　95
　　――の地位向上　125
チェンマイ・イニシアティブ（CMI）　150
CHIPS　46
中間財貿易　135
超短期ファイナンス（VSTF）　98
直接投資（アメリカ）　71
通貨統合参加国　115
通貨バスケット　152
　　――を参考にした外国為替制度　152
通貨ミスマッチ　153
デリバティブ取引　55
伝統的銀行業務　80
デンマーク・ショック　111
投資・調達通貨　22
トランシュ　77
トランチング　77
取引コスト　23
ドル　13
　　――以外の通貨同士の取引　147
　　――一極体制　13
　　――依存　156
　　――介入　21,26
　　――準備　21,26
　　――衰退論　13
　　――対価　118
　　――建て　46
　　――体制　126
　　――体制危機説　16
　　――の相対的な地位低下　13
　　――の「又貸し」　49
　　――を中心とする国際通貨システム

126
「ドル・ペッグ・システム」 108
ドルペッグ制 148,152
　——からの離脱 150
　事実上の—— 148
ドル・マルク・円の三極通貨システム
　13
トレーディング資産 81

な行

NAFTA 134
二国間通貨スワップ取極（BSA） 150
日本の世界最大の債権大国化 27

は行

ハイパワードマネー 112
バーゼル・ニューボア合意 100
バーツ 136
　——建て 137
パリティーグリッド方式 97
バンク・オブ・アメリカ 81
BIS 75
　——報告銀行 75
東アジア 133
　——のエマージング諸国 41
　——における基準通貨・介入通貨
　　 148
　——における契約・決済通貨 137
　——における国際通貨 135
　——における準備通貨 148
　——における投資・調達通貨 140
　——銘柄の国際債 140
東アジア域内通貨金融協力 133
東アジア・オセアニア中央銀行役員会議
　（EMEAP） 154
東アジア諸国 134
　——通貨建ての域内資本移動 140

——の外国為替市場 144
——の為替相場制度 148
——の現地通貨建て債券市場 154
東アジア通貨同士の直接取引 145
非銀行民間（個別資本）レベル 18
　——の国際通貨機能 22,133
　——の債権債務関係 19
非国際通貨国 41
不換制 13
　——下の国際通貨関係 14
　——下の国際通貨機能 22
不換通貨ドル 15
　——の流通根拠 15,16
負債決済 43
双子の赤字 156
プライベート・エクイティ（PE）ファンド 79
ブラック・ウェンズデー 112
フランス銀行 112
フランス・フラン 112
ブリッジ・ローン 59
Pre-Ins 諸国 124
フレディーマック 89
ファニーメイ 89
フェデラル・ファンド・レート 111
ブンデスバンク 101
米大統領経済諮問委員会 65
米商務省 53
ヘッジファンド 53
　——型業務 56,80
　——のレバレッジ 55
ペリフェリ（周辺）諸国 113
変動限度点介入 97
変動限度内介入 97
変動相場制 15
ホーム・エクイティ・ローン 89

ま行

マーストリヒト条約　97
マルク　103
　──介入　102
　──対価　106
　──と円の相対的な地位の向上　13
　──の為替媒介通貨化　27
　──の基準・介入・準備通貨化
　　　103
　──の国際通貨化　95
ミューチアルファンド　53
モーゲージ・エクイティ・ウィズドローアル（MEW）　89
模倣運用　55

や行

ユーロ　114
　──域　95
　──圏　95
　──圏諸国　117
　──圏の外国為替市場　120
　──参加国　116
　──参加国通貨　116
　──対価　120
　──建て　124
　──導入　95
ユーロマルク　102
　──市場　102

ら行

流動性ジレンマ論　17
ロンバート・レート　111
レバレッジ　76
　──の拡大　83
　──効果　77
　──取引　55
レバレッジド・バイアウト（LBO）
　　　79
レポ取引　54

人 名 索 引

あ行

伊豆久　98
井上伊知郎　23
今宮謙二　16
岩田健治　106
岩野茂道　17
岩本俊昭　99
ウォン（Wong, G.）　140
岡橋保　14
オゼキ（Ozeki, Y.）　42
小野朝男　16

か行

片岡尹　50
ガーバー（Garber, P.）　41
木下悦二　18
キンドルバーガー（Kindleberger, C.P.）　17
久留間健　25
小西一雄　25

さ行

斎藤智美　120
サラント（Salant, W. S.）　17
真藤素一　14

た行

高田太久吉　81
滝沢健三　17

田中素香　103
タブラス（Tavlas, G. S.）　42
チュウ（Chu, C.）　137
デプレ（Despres, E.）　17
ドゥーリー（Dooley, M.）　41
トリフィン（Triffin, R.）　17

な行

中尾茂夫　49

は行

バーナンキ（Bernanke, B.S.）　40
フォルカーツ＝ランダウ（Folkerts-Landau, D.）　41
深町郁彌　18
ブラック（Black, S. W.）　41

ま行

マッキノン（Mckinnon, R.I.）　49
松村文武　25
三宅義夫　14
モォ（Mo, Yik-ko）　137

や行

山本栄治　20
吉冨勝　153

ら行

リム（Lim, P.）　140

著者紹介

徳永　潤二（とくなが　じゅんじ）
　1969 年　愛媛県生まれ
　1993 年　立教大学経済学部経済学科卒業
　1999 年　立教大学大学院経済学研究科博士後期課程満期退学。立教大学経済学部助手，
　　　　　　山形大学研究員，和光大学経済経営学部専任講師を経て，
　2007 年　和光大学経済経営学部准教授
　現　在　和光大学経済経営学部准教授，立教大学経済学部兼任講師。博士（経済学）

主要業績
（共著）
　『通貨危機の政治経済学』（日本経済評論社，2000 年）
　『グローバリゼーションと国際通貨』（日本経済評論社，2003 年）
　『金融グローバリゼーションの理論』（大月書店，2006 年）
（論文）
　「1990 年代後半の国際資本移動におけるアメリカの役割」『金融経済研究』（金融学会）
　　第 22 号，2005 年
　「2000 年代前半における国際資本移動におけるアメリカの役割」『季刊経済理論』（経済
　　理論学会）第 43 巻第 3 号，2006 年
（共訳）
　ディムスキ『銀行合併の波』（日本経済評論社，2004 年）
　他，論文多数

アメリカ国際通貨国特権の研究

2008 年 9 月 20 日　第一版第一刷発行

著　者　徳　永　潤　二
発行者　田　中　千津子
発行所　株式会社　学　文　社

〒 153-0064　東京都目黒区下目黒 3-6-1
電話（03）3715-1501（代表）　振替　00130-9-98842
http://www.gakubunsha.com

乱丁・落丁は，本社にてお取替え致します。　　印刷所　新灯印刷
定価は，カバー，売上カードに表示してあります。　〈検印省略〉

ISBN978-4-7620-1870-1